織田信長　435年目の真実

明智憲三郎

幻冬舎文庫

プロローグ【信長脳を歴史捜査せよ！】

戦国の世、尾張の片隅に生を得て天下統一という大事業に乗り出した織田信長。稀代の天才、カリスマなどと言われていますが、果たして信長が何を考えて決断・行動していたのかを現代人はどこまで理解できているでしょうか。

たとえば、信長が天下に華々しくデビューすることになった桶狭間《おけはざま》の戦い。その勝因は迂回奇襲戦法にあったと長らく信じられてきましたが、信憑性ある史料の記述によれば正面攻撃であることが判明しました。しかし、多勢に無勢の信長軍がなぜ正面攻撃で勝利できたのかが解明されていません。正面攻撃説を唱える研究者は「偶然・幸運」に過ぎないと主張しています。要は信長が何を考えて決断・行動したのか、よくわかってはいないということです。

同じようなことが織田信長が討たれた本能寺の変についてもいえます。明智光秀が信長を本能寺で討てたのは信長の「油断」のせいであり、光秀にとっては「偶然・幸運」であり、最終的に謀反が失敗したのは「無策・無謀」だったからとされています。そのときに信長や光秀が本当は何を考えて決断・行動したのかが、やはりよくわかっていないのです。

周到に企てたことが「偶然・不運」によって失敗に至る例は枚挙にいとまがありません。ところが、何も考えずに「無策・無謀」に行ったことが、たとえ途中まででも「偶然・幸運」によって成功を収める例は現実にはまず起きません。たとえば、将棋の名人戦のような勝負の世界を考えてみてください。棋士は「必然・必勝」の手を考えて指しており、「偶然・幸運」に期待して指してはいません。ましてや一族郎党の命という重いものへの責任を負った戦国武将が「偶然・幸運」に期待して決断するわけにはいきません。「必然・必勝」の作戦を立てて決断したはずです。

それでは、いかにして彼らは「必然・必勝」の作戦を立てたのでしょうか。それが「感情・性格」に任せて得られるものではないことは確かです。それは将棋の名人戦と同じです。彼らは自分の持てる「知識・論理」を最大限に駆使したのです。それは将棋の名人戦と同じです。対戦している棋士は次の一手を決して「感情・性格」によっては決断しません。むしろ「感情・性格」を抑えて、彼らが長年かけて習得した「知識・論理」、いわば「将棋脳」を駆使して決断しています。このことは感情も性格も持たないコンピューターが、知識と論理をプログラムされてプロの棋士と互角に戦っている事実からも明らかです。これは「決断の常識」といってもよいものでしょう。

十年前、私は真実を知りたい一念でこの「決断の常識」に立脚した二つの仮説を立て、本能寺の変の謎解きに挑戦しました。その二つの仮説とは「失敗すれば一族滅亡する謀反を決断するのだから、謀反を起こさねば一族滅亡するという危機認識があったはず」と「失敗すれば一族滅亡してしまう謀反を決断するのだから、絶対に成功するという目算を立てたはず」です。

まず、本能寺の変や信長・光秀らに関して書き残された史料にもれなく目を通し、その信憑性を評価し、証拠となるものをすべて洗い直しました。すると、今まで見落とされていた証拠が予想以上にたくさん見つかりました。それらの証拠のすべてに辻褄の合うストーリーを復元していったところ、とうとう答、つまり真実に行きつくことができました。それは従来の定説や様々唱えられている説とはまったく異なるものであり、自分でもにわかには信じ難い驚くべきものだったのです。犯罪捜査と似ているので「歴史捜査」と名付けたこの手法への確信がなければ、自分の出した答を信じることなどできなかったと思います。

是非、世の中にこの真実を知っていただきたいと思って書いた『本能寺の変　431年目の真実』（文芸社文庫）は多くの方々にご愛読いただき、出版一年目で二十七万部を超えました。私と同じようにこれまでの「本能寺の変」に納得できないでいた方が多かったのでしょう。「従来の本能寺の変論とは違う」ことを読者が評価してくださり、私の「決断の常識」や「歴史捜査」を支持してくださったのだと思います。そして戦国武将は誰もが一族の生き残りを最優先とする生存合理性に基づいて考え、行動していたという見方や歴史観に共感をいただいたように思います。

一方で、出てきた答のひとつが従来言われたことのない「信長のある企て」だったために、その答を受け入れられない読者ももちろんいます。本能寺の変当日の信長・光秀・徳川家康らの行動の謎を説明できるのはこの答しかないのですが、「あの時点で信長がそのようなことをするわけがない」という思い込みに囚われて、証拠と論理の積み重ねによる蓋然性へのご理解をいただけないようです。

現実に存在する証拠の分析やそれに基づく推理を抜きにして、「信長はこう考えたはずだ」という仮定を出発点にしたのでは正しい答には至りません。なぜならば、将棋の名人戦と同様に、戦国のプロの「次の一手」を現代の素人が読むのは至難の業だからです。そのことをご理解いただくためには、信長の決断の拠り所であった彼の「知識・論理」をより明快にするしかないと気付きました。明快になった信長の「知識・論理」を共有して、そこから「信長はこう考えたはずだ」と推理することができるようになれば、初めて誰もが同じ土俵で議論できるだろうと考えたのです。そこで信長の頭脳の中身、つまり「信長脳」を「歴史捜査」することにしました。

他人の持っている「知識・論理」を解明することは相手が現代人でも容易なことではありません。ましてや、四百年以上前の人物についてです。でも、諦めてしまっては歴史の真実に近づくことはできません。一歩でも「戦国のプロ中のプロ」である信長に肉薄しようと決意して、「信長脳を歴史捜査せよ！」というミッション・インポッシブルに挑戦したのです。

二〇一二年、「織田信長を英雄視する後世の評価を再考し、等身大の信長の姿を描いた」とする池上裕子著『織田信長』（吉川弘文館）が出版されました。信長の人生における事績が整理されて書かれています。この本の内容を補強するかのように二〇一四年には他の研究者らの本も次々と出版されており、新しい信長像を形成しつつあります。

そこに描き出された信長の姿は次のようなものです。従来の「中世の破壊者」といったイメージとはだいぶ異なります。

- **戦国大名が誰でも天下を欲していたわけではない、むしろ信長は特異な存在だった**
- **上洛は足利義昭を奉じたものであり、初めから義昭を排除するつもりではなかった**
- **朝廷を援助してうまく利用していた、自分が天皇になるつもりではなかった**
- **仏教を敵視して潰すつもりではなかった**

・戦ばかり行っていたわけではなく、様々な経済政策も行って財力を蓄えていた
・独裁的ではあったが世間の評判もかなり気にしていた

裏付け説明はいずれも納得できるものであり、本書はこれらの点に反論を述べるものではありませんし、信長の事績のすべてをあらためて洗い直すものでもありません。それらの事績の裏側にあった信長の決断がどのような「知識・論理」に基づいてなされたのかを分析していくことによって、彼が何を考え、何をしようとしていたのかを解き明かすものです。

歴史捜査の結果、信長の「知識・論理」には現代人が保有していない膨大な「あるもの」が存在していたことが明らかになりました。「信長脳」の中身が解明できたのです。その「信長脳」を駆使して信長は天下統一戦を勝ち抜き、さらにその先へと進もうとしていたこともわかりました。

お読みいただければ、「信長脳」についてほとんど知識を持たない現代人が信長の行動や「次の一手」を論じることが、いかに的外れなことだったかにお気付きいただけるでしょう。その気付きこそ英雄譚《たん》としての歴史を楽しむことから「真実の歴史に学ぶ」ことへの転換をもたらすものだと思います。

なお、前著『本能寺の変　431年目の真実』は「検事調書」としての証拠や推理の

厳密さを徹底して書きましたので、引用文はすべて原文を書き、出典名をその都度明記しました。本書はわかりやすさを優先して書きましたので、史料からの引用文は原文を減らして現代語訳を書くように努めました。原文を確認したい方は巻末の参考文献をお読みください。また、本書での本能寺の変の記述は信長に焦点を絞って深く掘り下げましたので、広がりのある本能寺の変の全貌をお知りになりたい方は前著も併せてお読みください。

二〇一五年七月　著者

織田信長　４３５年目の真実

目次

第三章　解明された苛烈・残虐の真相　75

第四章　解明された天下統一への道　103

第一章　大うつけ作戦

家臣も呆れた大うつけぶり

類まれな才能を発揮して天下統一へと邁進した織田信長。しかし、若い頃の信長は奇行が目立ち、「大うつけ」と呼ばれていたのは有名な話だ。うつけとは馬鹿者という意味で、「たわけ」とも言う。信長を主人公とした映画やテレビドラマでは大うつけぶりが必ず大げさに演じられる。それが、信長は気性の激しい乱暴者、天才的な革命児、近寄りがたい恐ろしい人物といった印象作りに一役買っているように思われる。

これも軍記物の作り話だろうと思うとそうではなく、信長の側近くに仕えた家臣太田牛一《ぎゅういち》が『信長公記《しんちょうこうき》』に書いた話だ。当然、信憑性の高い話である。大うつけの実態はどんなものだったのだろうか。まず、『信長公記』の記述から史実を確認しておこう。

服装はとても奇抜だったようだ。「帷子《かたびら》の袖をはずして半袴《はんばかま》をはき、火打石の入った袋や様々なものをぶら下げ、髪は紅や萌黄《もえぎ》の糸で巻き立てて茶筅髷《ちゃせんまげ》に結い、朱色の鞘《さや》の太刀を差していた」と書かれている。行儀は現代人が見ても眉をひそめるようなものだ。「町中を人目も憚《はばか》らずに栗、柿や瓜にかぶりついて食べながら歩き、立ちながら餅をほおばり、歩くときはいつも人に寄りかかって肩にぶら下がりながら歩いた」とある。牛一もあきれていたようで「大うつ気《け》とより外《ほか》に申さず候《そうろう》」と書いている。

また、父親の信秀の盛大な葬儀の場にやはり奇抜な服装のままで現れ、抹香《まっこう》をがばっと摑んで仏前へ投げつけて帰ってしまった。これを見た参列者たちが「例の大うつけよ」と口々に言った。守《も》り役の平手政秀はこのような信長の行状を悔やんで、生きていてもしょうがないと切腹してしまった。ただ、参列者の一人で筑紫《ちくし》から来た僧が「あれこそ国を持つ人物だ」と、後の信長の出世ぶりを予見したことも書かれている。

この大うつけが偽装であったことが、美濃の斎藤道三と初めて会見した際の話に書かれている。この会見場に至るまではいつもの奇抜な服装でやってきた信長だが、会見場に着くや否や生まれて初めて髷をきちんと結い直し、いつ誂《あつら》えたのか誰も知らなかった正装の長袴《ながばかま》に着替え、これも人に知らせずに拵《こしら》えた小刀を差して現れた。これを見て家中の者たちは「日頃のたわけは態《わざ》と作ったものだったのかと肝をつぶし、だんだんに状況を理解できてきた」と書かれている。

道三も信長がうつけではないと見抜いた。会見を終えて信長を見送った道三が帰路の途中で家臣の猪子兵介《いのこひょうすけ》に「どう見ても信長はたわけですな」と言われて返した言葉が

「であれば、無念なことに自分の子供たちはそのたわけに仕えることになろう」であった。

信長は大うつけを見事に演じて見せていたわけだ。なぜ、ここまでして大うつけを偽装したのであろうか。

ある小説家は「母親の愛情が弟に注がれ、それで母の愛に飢えて、大うつけを演じて母親の気を引こうとした」といった解釈をした。また、ある研究者は「このままではだめだという苛立ちの表れ」と書いている。「若者によくある反抗的な態度だった」と解釈する人もいる。

やはり誰もが信長の「感情・性格」をこの行動の原因と考える誤りを犯している。歴史に学ぶためには当時の人々の立場に立って考えることから始めねばならない。殺すか殺されるかという戦国の厳しい状況に身を置いていた武将の立場で考えてみるとどうであろうか。

それでは、いまだに妥当な答が見出されていないこの謎を解いてみたい。この謎を解くには少し遠回りをして信長に最も影響を与えた武将、父親の織田信秀のことを理解する必要がある。

忘れられた傑物・織田信秀

織田信秀は永正九年（一五一二）に清須守護代織田家の三人の奉行の内の一家である弾正忠《だんじょうちゅう》家に生まれた（生年・没年に諸説あるが横山住雄著『織田信長の系譜』に従う）。その頃、尾張国の守護斯波《しば》氏は既に実権を失い、国内を上四郡と下四郡とに分けて、それぞれ岩倉城、清須城を居城とする守護代織田家が治めていた。

信秀は守護代の同族とはいえ一奉行に過ぎなかったのだが、父の代に伊勢湾につながる港町津島を支配下に置き、海運から上がる現金収入でかなり裕福であった。その財力を活かし、信秀は京都から蹴鞠《けまり》教授のために公家を招いたり、伊勢神宮式年遷宮に銭七百貫文を寄進したり、内裏の修理代に四千貫文を拠出したりして、公家社会との絆を深めた。駿河・遠江の守護今川義元が拠出した内裏の修理代が五百貫文だったことと比べて信秀の財力の大きさがわかる。一貫文を二石で換算すると四千貫文は八千石、つまり大人八千人が一年間に食べる米の量に相当する。現代の金額に換算すると六億円ぐらいになる。

一方で、自分が仕える清須守護代家と争ったり、三河の松平清康（家康の祖父）の尾張侵攻を防ぎ、逆に三河に侵攻して安祥城《あんしょう》を攻略したり、斎藤道三に追われた美濃守護土岐頼芸《よりのり》を庇護し美濃に攻め込んだり、と実質尾張を代表する武将として活躍した。

それだけに成り上がり者として敵が多く、守護代や親族の織田家とも抗争が絶えなかった。その間、信長を早くから自らの後継者として扱い、信長十一歳の頃に那古野《なごや》城を譲って、四人の家老を付けて独立させ、十三歳で元服、十四歳で三河吉良大浜へ初陣、十五歳で道三の娘を娶《めと》らせている。

現代は親子の接触が減り、親が子に与える影響も希薄になっているように思われる。四百年前の戦国時代はどうであろうか。一族の繁栄と生存の責任は父親が一身に背負い、それ故に父親の子への影響力も極めて大きかったであろう。信長とその父親信秀の関係も同様であったと考えられる。

その信秀は三十八歳頃に病を患い、内外に課題山積の中で四十一歳で病死した。信長十九歳のときである。自分が見込んで育て上げたとはいえ、まだ若い息子に一族の繁栄と生存を託さざるを得ず、多くの心配を抱えての無念の死であったろう。信長が信秀の葬儀で抹香を投げつけたのは大うつけの演技であったが、父の無念の思いを込めたものだったのかもしれない。

その葬式の弔辞で「機知に優れ、戦えば必ず勝ち、前進すれば必ず敵を急追する。国をあげて彼が豪奢《ごうしゃ》なことを誇り、近隣の諸国は彼の権威を恐れていた」と人一倍に優れた武将であったと褒め称えられている。その前文として書かれているのが「啻《ただ》に孫呉《そんご》兵術に慣るるのみにあらず、況《いわん》や良平《りょうへい》の謀諮《ぼうし》を挫《くじ》くをや」である。「孫武《そんぶ》・呉起《ごき》の兵法に習熟したのみならず、張良《ちょうりょう》・陳平《ちんぺい》の謀略も打ち砕いた」という意味だが、現代人は「孫呉」が「孫武・呉起」、「良平」が「張良・陳平」の略とすらわからないのではなかろうか。戦国時代にはそのことはもちろん、「孫武・呉起の兵法」の中身も「張良・陳平の謀略」の中身も常識としてよく知られていたのだ。つまり、信秀の脳の中には中国の兵法と故事の知識・論理がたくさん詰まっていたということだ。これが「機知に優れ、戦えば必ず勝ち、前進すれば必ず敵を急追」した「信秀脳」の正体である。

　孫武・呉起は中国春秋戦国時代の兵法家であり、それぞれ『孫子』『呉子』という兵法書を遺した。『孫子』には「兵は詭道《きどう》なり（戦とは騙《だま》し合い）」を基本として、様々な戦略・戦術が説かれている。『呉子』にはより実戦的な各種の戦法が説かれている。張良・陳平は漢の国を建てた劉邦《りゅうほう》を支えた軍師である。秦を楚の項羽とともに倒し、その後、項羽を破って劉邦が天下を取れたのは二人の策謀のおかげだったといわれる。信秀は中国の兵法や故事に精通していただけでなく、実戦の場で「兵は詭道なり」を実行して大いに成果を挙げた人物だったということだ。

その信秀の後半生は隣国三河の松平家との抗争に明け暮れた。その抗争の最中に松平家の当主である清康も広忠も二十代半ばで自分の家臣に斬り殺されている。徳川家康の祖父と父である。信秀にとってはあまりに「偶然・幸運」な二人の横死である。当然、信秀の謀略が背後にあったとする説もあるようだが、確かな証拠は存在しない。

尾張守山まで攻め込んだ最中に殺害された清康の死によって松平家は弱体化し、今川家に従属することになる。そのような状況下で、今川へ送る人質の竹千代（家康）が織田方に奪われるという事件が起きている。家康は二年間織田家で人質暮らしを送ったが、その間に父広忠が今川から寝返ることはなかった。父の死を知ったのはこの人質時代である。

広忠の死に信秀が関与したかどうかは不明だが、このとき、八歳の家康がどう考え、そして、その家康を十六歳の信長はどうみていたのであろうか。二人が同盟を結んだのは十二年後の信長二十八歳、家康二十歳のときだ。物心ついてからそれまではずっと敵同士だった。このことはその後の二人の関係をみる上で念頭に置いておかねばならないことだ。

年	年齢	出来事
永正九　一五一二	1歳	生誕
大永六　一五二六	15歳	津島に来た連歌師宗長に挨拶する
天文元　一五三二	21歳	清須守護代織田大和守達勝や織田藤左衛門と争ったが和睦
天文二　一五三三	22歳	京都から蹴鞠教授のため飛鳥井雅綱を勝幡城に招致
天文三　一五三四	23歳	嫡男信長生まれる
天文四　一五三五	24歳	松平清康（家康祖父）に尾張守山城を攻められたが、清康が家臣に殺され撃退
天文七　一五三八	27歳	那古野城の今川氏豊を追って占拠
天文九　一五四〇	29歳	伊勢神宮式年遷宮に銭七百貫文寄進。松平氏の領地西三河に侵攻し安祥城を攻略（松平氏は今川氏に従属することになる）
天文十一　一五四二	31歳	斎藤道三に追われた美濃守護土岐頼芸を匿《かくま》う
天文十二　一五四三	32歳	内裏修理に四千貫文拠出
天文十三　一五四四	33歳	道三の美濃稲葉山城を攻めるが大敗。この頃信長に那古野城を譲る
天文十四　一五四五	34歳	松平広忠（家康父）に三河安祥城を攻められるが勝利する
天文十五　一五四六	35歳	信長元服（十三歳）
天文十六　一五四七	36歳	松平竹千代（家康、六歳）を人質として迎える
天文十七　一五四八	37歳	甥の犬山城主信清と楽田城主寛貞の謀反を鎮圧。今川義元に小豆坂で敗北。斎藤道三と和睦し娘を信長の正室に迎える。清須守護代織田大和守信友と争う
天文十八　一五四九	38歳	今川に安祥城を攻略されて松平竹千代を人質交換で今川に渡す。この頃発病（敵対する松平広忠が家臣に殺害される）
天文二十一　一五五二	41歳	三月病死

織田信秀の略年表

孫呉の兵術・良平の謀略

信秀がどうやって中国の兵法や故事を学んだのかについての記録はない。しかし、戦国武将であれば誰もが生き残るために身につけていた知識と考えるべきだ。他の武将の記録で確認しておこう。

中国史では周による統一が崩れた紀元前七七〇年から秦が再統一する紀元前二二一年までの諸国抗争の時代を春秋戦国時代と呼んでいる。日本の戦国時代百年を中国は実に二千三百年も前から五百五十年かけて既に経験したということだ。そして、この間に多数の兵法家（兵家《へいか》）が現れ、戦国を勝ち抜く知恵、すなわち兵法が生み出されて兵法書が書かれた。その兵法書は奈良・平安時代に遣唐使や宋との交易を通じて日本へもたらされた。当初は公家の教養として学ばれていたが、次第に武士・僧侶の学問として広まっていった。戦国時代が始まる以前に日本には長年にわたって大量の兵法のノウハウが集積されていたことになる。

一方、中国の故事については司馬遷《しばせん》の編纂した『史記』に代表される歴史書が書かれている。『史記』は中国前漢の武帝の時代に編纂された最初の正史であり、伝説上の五帝の一人黄帝から前漢の武帝までを記述範囲としている。内容は中国の王朝の栄枯盛衰の歴史であり、漢の高祖（劉邦）が天下統一後に功績のあった配下の武将の韓信《かんしん》・彭《ほう》越《えつ》・英布《えいふ》を粛清していくなど抗争・策謀が繰り返される様子が描かれている。

日本への伝来については、平安時代の延久《えんきゅう》五年（一〇七三）に大江家国が書写したものが存在する。『源氏物語』『平家物語』『太平記』にも『史記』に書かれた故事が引用されている。室町時代には注釈本も作られ、僧侶・武家に広く受容された。『平家物語』の冒頭の「祇園精舎《ぎおんしょうじゃ》の鐘《かね》の聲《こえ》、諸行無常《しょぎょうむじょう》の響《ひびき》あり」の文は誰もが知っているであろうが、その後に続く文の中に平将門《まさかど》や藤原純友《すみとも》らの日本史上の人物に先んじて、趙高《ちょうこう》、王莽《おうもう》らの中国史上の人物を引き合いに出して王朝に反逆した人物の末路が教訓として語られていることはあまり知られていないのではなかろうか。

『史記』に続いて王朝が代わるたびに前王朝の正史、『漢書』『後漢書』『三国志』『晋書』『宋書』などが編纂されていった。

徳川家康は江戸幕府を開くと慶長十一年（一六〇六）に『武経七書《ぶけいしちしょ》』を刊行した。『武経七書』は中国の兵法の代表的古典である『孫子』『呉子』『尉繚子《うつりようし》』『六韜《りくとう》』『三《さん》略《りやく》』『司馬法《しばほう》』『李衛公問対《りえいこうもんたい》』を総称したものだ。この内の『六韜』『三略』は早くも関ヶ原の合戦の前年の慶長四年（一五九九）に家康の手によって刊行されている。

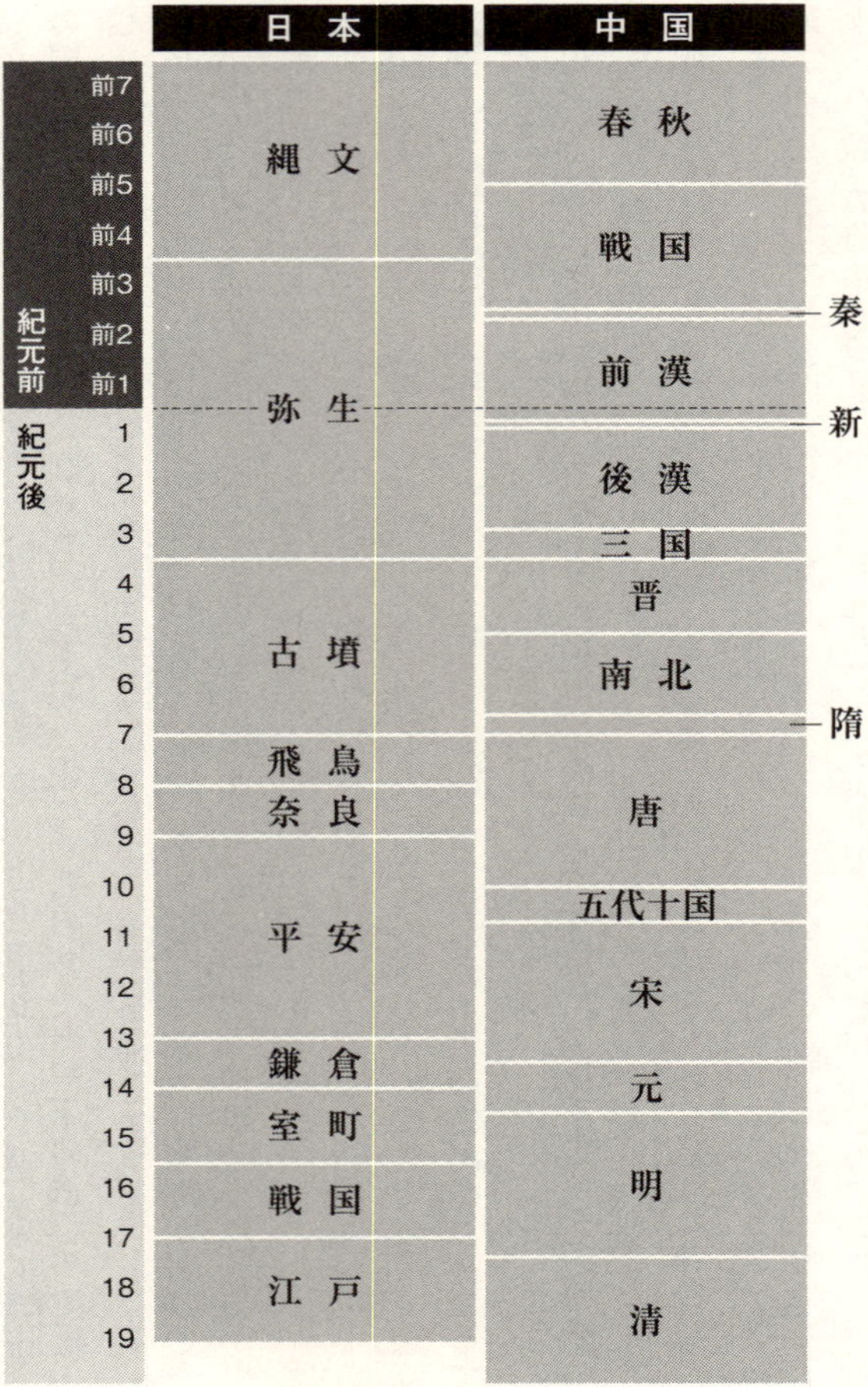
日本
中国
紀元前
前7
前6
前5
前4
前3
前2
前1
紀元後
1
2
3
4
5
6
7
8
9
10
11
12
13
14
15
16
17
18
19
縄文
弥生
古墳
飛鳥
奈良
平安
鎌倉
室町
戦国
江戸
春秋
戦国
秦
前漢
新
後漢
三国
晋
南北
隋
唐
五代十国
宋
元
明
清

中国・日本時代対比図

武田信玄が孫子の兵法の説く「風林火山」を旗印にしていたことは有名である。その弟の信繁《のぶしげ》は子や家臣へ家訓『古典厩《こてんきゅう》より子息長老江異見九十九箇条之事』を永禄元年（一五五八）に書き残しているが、そこにも『武経七書』の『孫子』『呉子』『三略』『司馬法』や前漢時代に編纂された『戦国策』といった兵法書、そして『史記』『漢書』『後漢書』といった歴史書が多数引用されている。これらは日本の武将に広く親しまれていたものだったのだ。

戦とは騙し合い

それでは、信秀の弔辞に「孫呉兵術に慣るる」と読まれた『孫子』『呉子』がどのようなものであったかを簡単にみておこう。この二つが数ある兵法書の中でも代表的なものとされている。

『孫子』は春秋時代（約二千五百年前）の呉の孫武の作とされる。ナポレオンが『孫子』を座右の書にしていたことは有名である。西暦一八〇〇年前後に活躍したナポレオンにとって有益なものはその二百年前の戦国武将にとっても、もちろん有益なものだったはずだ。

『孫子』の特徴は「兵は国の大事なり（戦争は国家の重大事）」という基本理念をはじめに説き、単に戦いの仕方ではなく、国家として勝ち残るための総合的な方策を述べていることである。十三篇で構成されていて多彩なノウハウが説かれており、戦国武将に実に多くの知恵が求められていたことがわかる。

『孫子』の日本への渡来については唐に留学した吉備真備《きびのまきび》（六九五〜七七五）が持ち帰ったと『続日本紀』に書かれている。源義家が後三年の役の折、孫子の「鳥の飛び立つところに伏兵がいる」という教えを活用して伏兵を察知し、敵を破った話はよく知られている。

『呉子』は戦国時代の呉起の作とされる。部隊編制の方法、状況・地形ごとの戦い方、兵の士気の上げ方など具体的な実戦での戦法が六篇に分けて書かれている。それだけに戦国時代には実用性が高かったであろう。

現代の国内外のビジネス書にも数多く引用されている『孫子』について解説を加えておこう。

注目されるのは「兵は詭道なり（戦とは騙し合い）」という考え方を基本に据えていることである。『信長公記』にもしばしば「調略（謀略）」が用いられたことが書かれているが、戦国武将にとって騙すこと、つまり謀略は基本中の基本だったわけだ。「本能寺の変に謀略はなかった」とする研究者もいるが、孫子に言わせれば「戦国の世にそのような間の抜けたことはあり得ない」。

勝つための原則として「彼を知り己を知れば百戦あやうからず」という言葉がよく知られているが、繰り返し述べられている基本事項が「戦わずして勝つのが最善」ということだ。味方の損傷を最小にし、かつ敵を降伏させて敵兵を味方に取り込むことが狙いである。これが天下を取るための謀攻の法だと言い切っている。敵兵は敵であり続けるわけではなく、降伏させれば味方の兵になるという発想は将棋の駒と同じだ。戦国武将がしばしば行った「兵糧攻め」や「水攻め」も戦わずして勝つための策である。

攻守の心得として「戦う前に勝てる作戦を立てねばならない」と説いている。正に戦国武将には「必然・必勝」の作戦が求められていたことを端的に物語っている。現代の研究者が唱える「無策・無謀」で戦い「偶然・幸運」で勝利するという考え方はいかにも戦国の非常識である。

地形を知ることの重要性も繰り返し説かれている。地形を行動困難な圮地《ひち》、包囲されやすい囲地《いち》、死にもの狂いで戦うしかない死地などに分けて兵の扱い方を書いている。「山林、険しい場所、湿地・沼地の地形を知らねば地の利を得られない」とあるように戦国武将にとっては戦いの前に戦場となる土地の地形を知ることが求められた。

最後の十三篇目は間者（スパイ）の活用法を説いたものだ。情報収集の大切さとその様々なやり方が書かれている。また、間者を五つに分類して、それぞれの活用策が述べられている。土着の敵国人の「因間」、敵軍の中の内通者の「内間」、二重スパイの「反間」、偽情報を掴ませる敵の間者の「死間」、敵味方の間を自由に往来する「生間」である。間者には最高の人材を抜擢し、最高の処遇を与えよ、など現代でも通用する内容が書かれている。二千五百年前に既にこのようなスパイ活用が行われていたのだ。

越前朝倉氏の隆盛を支えた智将として知られる朝倉宗滴《そうてき》の語った言葉を書いた『朝倉宗滴話記』にも間者の重要性が説かれている。彼は八十歳近くまで戦場に出て活躍した実戦経験豊富な人物である。「敵の戦術・戦略を知ることが大切であり、敵方の者に品物や黄金を与えると、ありのままを教えてくれる。密かに与えるのであるから、誰にも知られない。名将とはこういうことをするものだ」と書かれている。

密かになされるため記録に残らないものの、想像以上に間者が使われていたと思うべきである。記録に残っていないが故に歴史研究書に間者の活躍が書かれることはないが、間者が跋扈《ばっこ》する歴史小説の方がむしろ戦国の実相に近いのかもしれない。戦国時代には「兵は詭道なり（戦とは騙し合い）」が当たり前に実践されていたと考えねばならない。

なぜ大うつけを演じたか

それでは信長はなぜ「大うつけ」を演じていたのであろうか。『信長公記』の信長の行儀についての部分を読むと「信長は十六、七、八までは別段の遊びはせず、馬の稽古、水練、弓・鉄砲・兵法の稽古に励んでいた」という文に続けて、奇抜な服装をして町中を行儀悪く歩いて大うつけと言われたと書かれている。どうも大うつけは十六歳から十八歳までに目立った行動のようだ。

その頃は信長にとってどのような状況だったかというと、今川氏・松平氏、あるいは同族の守護代織田家らと抗争を続けてきた父の信秀が病を発症していた時期に重なる。発展家の創業社長がいろいろなことに手を出し、奮闘している最中に発病し、まだ若い息子に実務を委ねつつ育成して、自分の死後に事業継承せねばならない状況に似ている。

そのような状況で息子が大うつけを演じなければならない理由は何であろうか。現代には思い当たるような例がない。日本史でも他に似たような例は見当たらない。

実は中国にはそのような例がいろいろある。我々も中国史に学んでみよう。

晋の司馬遹《いつ》

二六五年に晋を建国した武帝の皇太子は暗愚であったが、孫の遹は利口なので武帝は皇太子を廃嫡しなかった。武帝の死後、その皇太子が恵帝として即位したが恵帝の皇后は遹の代わりに自分の養子を皇太子に立てようと狙った。すると遹は保身のためにうつけを装って馬鹿げた行動をとったが、結局、謀略で廃嫡されて殺されてしまった。

唐の太宗《たいそう》

隋の皇帝煬帝《ようだい》の代（六〇四〜六一八）、煬帝の従兄弟李淵《りえん》の次男世民《せいみん》は兄を退けて自分が父の跡を継いで天下を取ろうと企ててうつけを装った。李淵が唐王朝を建てると世民の兄が皇太子となるが、世民は兄を討って実権を握り皇帝太宗となる。太宗は「貞観《じょうがん》の治」と呼ばれる善政を行い、中国史上最高の名君の一人とされた。

唐の宣宗《せんそう》

唐は中期になると宦官《かんがん》が専横を極めるようになり、皇帝は宦官との確執に手を焼いた。憲宗の子怡《い》は子供のときからうつけとあだ名されていて、憲宗が死ぬと孫の文宗が即位する。怡は甥の文宗やその跡を継いだ武宗にもうつけ扱いされた。武宗の病が重くなると宦官たちが後継者選びの評議の結果、怡を執権に立てた。最も扱いやすい人物とみたからである。ところが、彼の裁決はことごとく的を射て、皆は初めて怡がうつけを装っていたことに気付いた。その後、皇帝宣宗として即位すると、重臣による派閥闘争や宦官勢力の専横を抑えた。

これらをみると、有能な人物が権力を握る前に暗殺される危険を避けるためにうつけを装っていたことがわかる。信長が大うつけを偽装していたのもまったく同じ理由からだ。信秀が中国の故事に倣《なら》って信長に大うつけを演じさせ、国内外の敵から信長を守ろうとしたのだ。これも「兵は詭道なり」の実践である。信長は大うつけをわざとらしく町中や信秀の葬儀という公の場で演じてみせて噂が広まるようにしたのだ。なかなかの名演技だったといえよう。

このことは信秀と信長の二人だけの秘密にしていたに違いない。漏れてしまっては元も子もない。孫子も「作戦は士卒に知らせるな」と説いている。そのため、守り役の平手政秀のように演技と気付かずに腹を切ってしまう家臣も現れたのだ。

守り役の家臣が騙されるぐらいだから、敵は皆騙された。今川氏・松平氏だけでなく国内の織田一族も大うつけが跡を継いでくれた方がありがたい。信秀が死に大うつけが跡を継いだ後に潰せばよいのである。あわてて信秀存命中に信長を暗殺する必要はさらさらなかったのだ。現実に信長が家督を継いだ途端に鳴海《なるみ》城主山口教継《のりつぐ》が今川氏へ寝返り、続いて清須守護代家老坂井大膳が挙兵して信長を攻めている。彼らは見事に信秀・信長父子の詭道に騙されたのだ。

信秀脳を継承した信長

父信秀の知識・論理を信長も学び、継承したことを示す話が『信長公記』に書かれている。

信秀は信長を幼い頃から後継者に定めて育成した。信長は弓、鉄砲、兵法のそれぞれに師匠が付いて稽古に励んだと『信長公記』に書かれている。特に兵法については「不断」という言葉を用いて、師匠を「常」に側に置いて励んだと書かれている。当然、信秀が信長のために付けた師匠である。信秀が信長に英才教育を施したのだ。

兵法と書かれているが当然中国の故事も兵法の一環として学んだであろう。それを示す証左もいくつかある。それらは従来、信長の「中国かぶれ」の如くに解されてきたが、もっと深い影響を信長は受けていたとみる必要がある。どのような証左があったかをみてみよう。

永禄八年（一五六五）九月から信長は花押を「麒麟《きりん》」の「麟」の文字を基にしたものに変えている。麒麟については孔子が記したとされる歴史書『春秋』に孔子との深い因縁が書かれている。太平の世にしか現れないとされる麒麟が太平とは縁遠い状況の魯《ろ》の国に現れたのを見た孔子が衝撃を受けたというのである。

永禄八年五月、将軍足利義輝が三好三人衆や松永久秀の襲撃を受けて殺害されるという前代未聞の事件が起きた。七月には興福寺に幽閉されていた義輝の弟覚慶（後の足利義昭）が近江へ脱出した。一方、信長は美濃斎藤氏に通じた従兄弟の織田信清の犬山城を攻めて陥落させて、尾張国内の反信長勢力を一掃した。「よし、義昭を担ぎ、自分が乱れた世を正して麒麟が現れるのにふさわしい太平の世を作るぞ」という気概を表したものが「麟」の花押だったのであろう。

永禄十年（一五六七）八月に美濃の稲葉山城を落とすといよいよ上洛の機が熟したことを示すためであろう、稲葉山城を本拠とするとともに地名を井ノ口から岐阜へと改名した。また、天下布武の印の使用を開始している。

岐阜への改名は禅僧沢彦宗恩《たくげんそうおん》が、周の文王が岐山《きざん》に興って天下を統一した故事にちなんで発案して信長に進言したとされているが、遡《さかのぼ》ること七十年前、明応八年（一四九九）作の美濃守護土岐成頼《しげより》画讃に稲葉山が岐阜と書かれているなど、以前から禅僧の間では岐山にちなんで岐阜と称されていた。信長は岐山の故事を知っていて、それを採用したのだ。

天下布武印は「天下に武を布《し》く」と解釈され、信長の武力による天下統一の意思表示とされている。しかし、この印の押された書状を受け取った相手が宣戦布告と受け取るような意味であろうはずがないとする研究者もいる。それには一理ある。当時の武将の「知識・論理」が中国の兵法書や歴史書から得られていたことを考えれば、「麟」や「岐阜」と同様に、やはり中国の故事からとられたものとみるべきだ。

立花京子氏は『春秋左氏《しゅんじゅうさし》伝《でん》』に楚の荘王の「七徳の武」という逸話があり、これにちなんだとする説を唱えた。武とは戈《ほこ》を止めて用いないという字で、禁暴・戢兵《しゅうへい》・保大・定功・安民・和衆・豊財（武力行使を禁じ、武器をしまい、大国を保全し、君主の功業を固め、人民の生活を安定させ、大衆を仲良くさせ、経済を繁栄させること）という七徳を備えるべきという意味だ。

この『春秋左氏伝』は孔子が記したとされる『春秋』の代表的な注釈書のひとつで、紀元前七〇〇年頃から約二百五十年間の歴史が書かれている。日本でも古くから読まれており、武田信繁の『古典厩より子息長老江異見九十九箇条之事』にも引用されている。武将の間で「七徳の武」はよく知られた話だったろう。したがって、「麟」と同様に乱れた世を正したいという信長の上洛にあたっての意思表示であり、当時は誰もがそのように受け取ったと解釈すべきだ。

天正五年（一五七七）には、それまで使用していた天下布武印のまわりの形を馬蹄形から二頭の龍が囲む形に変えている。龍の模様は中国皇帝の象徴であり、装飾や皇帝の書状に使用される。そのことを十分に考慮して、将軍も天皇も超越した存在としての意識を表したのだ。

さらに顕著なのは安土城天主の最上層の装飾である。天正七年（一五七九）に完成した安土城天主は地下一階、地上六階の七層の建物である。その最上層について『信長公記』には次のように書かれている。

「三間四方の座敷の内外はすべて金で装飾されている。四方の柱には上り龍、下り龍、天井には天人出現の図が描かれている。座敷の中には三皇、五帝、孔門十哲、商山四《しょうざんし》皓《こう》、七賢人などが描かれている」

やはり中国皇帝の象徴である龍が柱に描かれ、さらに『史記』などに書かれている中国の歴史上の人物が障壁画に描かれている。三皇、五帝は古代の理想の君主である。孔門十哲は孔子の弟子の中でも最も優れた十人の弟子、商山四皓は秦代の末期に乱世を避けて商山に隠棲した四人の高士、七賢人（竹林の七賢）は三国時代の魏の末期に竹林で清談を行ったとされる七人の高士のことである。

これらの例でわかるように信長は中国の故事に精通し、自己の思いの表明に活用した。美濃を攻略した永禄十年に信長の視界は早くも「天下」を、安土城を築城していた天正五年には「中国」を望み見ていたのだ。

この他にも信長自身が中国の故事に倣ったと思われる事例がある。信長が滅ぼした朝倉義景、浅井久政・長政の頭蓋骨を薄濃《はくだみ》（漆塗に金粉をかけたもの）にして酒の肴《さかな》にした話は有名である。天正二年（一五七四）正月朔日《ついたち》の『信長公記』に次のように書かれている。

「京都隣国の面々などが岐阜に滞在していて岐阜城へ出仕した。各々三献《さんごん》の作法（大・中・小の杯で一杯ずつ飲んで膳を下げることを三回繰り返す）に則って酒を振る舞った。他国衆が退出の後、馬廻衆《うままわり》だけが残り、珍奇の肴が出て酒が振る舞われた。前年、北国にて討ち取られた朝倉義景、浅井久政、浅井長政の首が薄濃にされ白木の膳に据え置かれて肴に出されて、酒宴を行い、皆、謡《うたい》・遊興を楽しんだ。信長はすべて思う通りになり喜んだ」

信長が朝倉義景の頭蓋骨を盃《さかずき》にして光秀に酒を飲むように強要した話は軍記物の創作だ。この文によれば頭蓋骨が出されたときには信長の親衛隊である馬廻衆しかおらず、また、酒の盃にもされてはいない。それにしても、頭蓋骨を薄濃にして肴に出すとは、いかにも異様である。そのような事例を他に聞いたことがなく、信長独特の思い付きにみえる。

ところが、中国には『史記』に書かれている有名な話がある。春秋時代の趙《ちょう》の襄子《じょうし》が晋の智伯に攻め込まれて苦戦した後、これを破って殺し、その頭蓋骨に漆を塗って盃にしたのだ。この話は自分を窮地に追い詰めた敵に対する憎しみの強さを表すものとされる。

信長も元亀元年（一五七〇）に越前に攻め入った際、浅井長政の寝返りによって挟み撃ちの窮地に陥りかけて、急遽脱出して京都へ逃げ帰った。『信長公記』にはこのとき、信長が長政の寝返りの注進を受けても「浅井はれっきとした縁者である（妹の嫁ぎ先）上、北近江一円を任せているので不足があろうはずがないから虚報であろう」と言ってなかなか信じなかったと書かれている。それほど信じていた長政の寝返りに対する憎しみは激しかった。中国の故事に倣ってその憎しみの強さを表したのだ。

第二章　解明された桶狭間必勝の作戦

桶狭間の戦い正面攻撃説

桶狭間《おけはざま》の戦いは信長軍が気付かれないように迂回路を通って今川義元の本陣を奇襲したとする「迂回奇襲説」が定説となっていた。そもそもこの説は江戸時代に書かれた軍記物『甫庵信長記《ほあんしんちょうき》』によって広まったものである。この書は小瀬甫庵《おぜほあん》という人物が『信長公記』を現代流にいえば盗作・改竄《かいざん》して書いたものだ。『信長公記』は印刷出版されず、代わりに『甫庵信長記』が木版印刷されてベストセラーとなり、『信長公記』には書かれていなかった迂回奇襲説が広まったのである。そして、参謀本部が明治三十二年（一八九九）に作成した『日本戦史　桶狭間役』にこの迂回奇襲説を採用したため歴史学界でも定説とされるようになった。

ところが、この戦いに参戦していたとみられる太田牛一《ぎゅういち》の書いた『信長公記』の記述をもとにすると、迂回奇襲戦ではなく正面攻撃なのである。このことを本能寺の変からちょうど四百年後の一九八二年に藤本正行氏が指摘した。これで研究界の定説が覆ったかというとどうもそうではない。氏は著書『桶狭間の戦い　信長の決断・義元の誤算』（洋泉社）で次のように書いている。

「ところが、私の説ではなぜ小勢の信長が今川の大軍を正面から破ることができたのか、図式的な説明がしにくい。そのため私の説に納得できない大勢の研究者が、私の名前をあげて批判されている」

確かに、『信長公記』の記述の信憑性は認めるとしても「なぜ小勢の信長が今川の大軍を正面から破ることができたのか」という疑問は誰もが感じるところである。藤本氏はこの疑問に答える狙いでこの本を書かれたようであるが、どうもそれが成功したとは思えない。この本で氏はあらためて従来の迂回奇襲説の不備や今川軍が乱取《らんどり》（掠奪）に散ったところを織田軍に急襲されたとする「乱取状態急襲説」の不備を指摘している。ただ、問題となる「小勢が大軍に勝利できた」理由については、「信長の勝因・義元の敗因」として次のように述べるにとどまっている。

「ところが当日の朝、信長が戦場にいなかったので、今川軍はそれを前提にして作戦を進めた。（中略）そこに信長が介入してきたのだ。主力決戦が午後に起きた例は珍しい。これだけをいえば信長の作戦勝ちだが、彼の積極的な陣頭指揮と部下の勇戦奮闘があったにせよ、寡兵よく勝利を得られたのは、大変幸運だったたと思う」

つまり、「信長の勝因・義元の敗因」は「幸運」に尽きるというのが結論なのだ。

藤本説を支持する研究者も、信長の勝利は結果の問題であり合理的な説明は無理とした上で、信長の作戦が都合よく展開したのは「はなはだ幸運」だったからであり、合戦の結果は「偶然の産物」だったと書いている。

果たしてこのような大成功が「偶然・幸運」によって得られるものであろうか。プロローグに書いたように周到に企てて成功の目算を立てた作戦が「偶然・不運」によって失敗に至る例は枚挙にいとまがないが、何も考えずに行ったことが「偶然・幸運」によって成功を収める例は勝負や実業の世界ではまず起きない。ましてや一族郎党の命という重い責任を負った戦国武将が「偶然・幸運」に期待して決断するわけにはいかないと考えるのが当然であろう。「偶然・幸運」は研究者が「自分では説明が付けられない」ことの言い訳として使う言葉に思える。

そこで、「偶然・幸運」に逃げることなく、なぜ、小勢の信長が今川の大軍を正面から破ることができたのかの答を論理的に求めてみよう。実は、信長脳の中身を理解していれば、この答は容易に見出せるのである。

孫呉兵術を駆使した作戦

桶狭間の戦いについては『甫庵信長記』だけでなく様々な軍記物が話を創作し、それらを研究者が自説に都合よく使ってきたため、史実が何であるかははなはだ混乱した状況にある。そこで藤本氏同様に『信長公記』の記述のみをもとにして桶狭間の戦いを確認することにしよう。なお、『信長公記』の信憑性の評価については付録二に解説を記した。

　ことの発端は桶狭間の戦いの八年前に遡る。天文二十一年（一五五二）三月に信長の父信秀が没して信長が家督を相続すると尾張鳴海《なるみ》城主山口教継《のりつぐ》は直ちに今川方に寝返り、今川勢を鳴海城へ引き入れて近隣の大高《おおだか》城・沓掛《くつかけ》城も乗っ取った。鳴海城からみて大高城は南西三キロ、沓掛城は東八キロほどのところにある。今川義元は熱田神宮から七キロほど南東方向の鳴海城を最前線とした橋頭堡を知多半島の西の根元に確保したのだ。義元は鳴海城に岡部五郎兵衛を城代として入れ、大高城・沓掛城にも守備兵を十分に入れた。

　鳴海城は南側が伊勢湾の入り江で満潮時には城の足元まで海水に浸る。城の東は谷が続き、西は泥深い田。北から東にかけては山が続く。信長は防御のために鳴海城の付城として北に丹下《たんげ》砦、東に善照寺《ぜんしょうじ》砦、南東に中島砦を城からそれぞれ四、五百メートルの場所に築き、さらに大高城の北東に鷲津《わしづ》砦、東に丸根《まるね》砦を城からそれぞれ七、八百メートルの場所に築いた。五つの砦の内の中核となる善照寺砦には佐久間信盛を入れて守らせた。

信長が清須守護代を滅ぼし清須城を奪ったのが六年前。その後、弟の信勝の反抗に手を焼いたが信勝を清須城におびき出して謀殺し、ようやく解決した。そして、岩倉守護代を追放し岩倉城を奪って尾張一国を手に入れたのが一年前のことだ。まだまだ信長の尾張における権力基盤はぜい弱だった。

そのような状況で四万五千といわれる今川義元の大軍が押し寄せてくる。信長が集められる尾張の兵はせいぜい十分の一という状況で、果たして信長はどのような作戦を立てたてであろうか。

「信秀脳」を継承した信長であれば、今川義元の侵攻に対抗する作戦を孫呉の兵法を駆使して立てたであろうと容易に推測できる。そして、これで勝てるという目算の立つ作戦ができあがった。だから確信をもって桶狭間での決戦に臨んだのだ。信長の決断においては桶狭間の戦いの勝利は「必然・必勝」であって、「偶然・幸運」ではないということだ。

そのことをより理解しやすくするために信長と孫武・呉起による軍議形式で桶狭間の戦いの作戦をどう立案したかを書いてみよう。もちろん仮想の軍議であって実際は信長

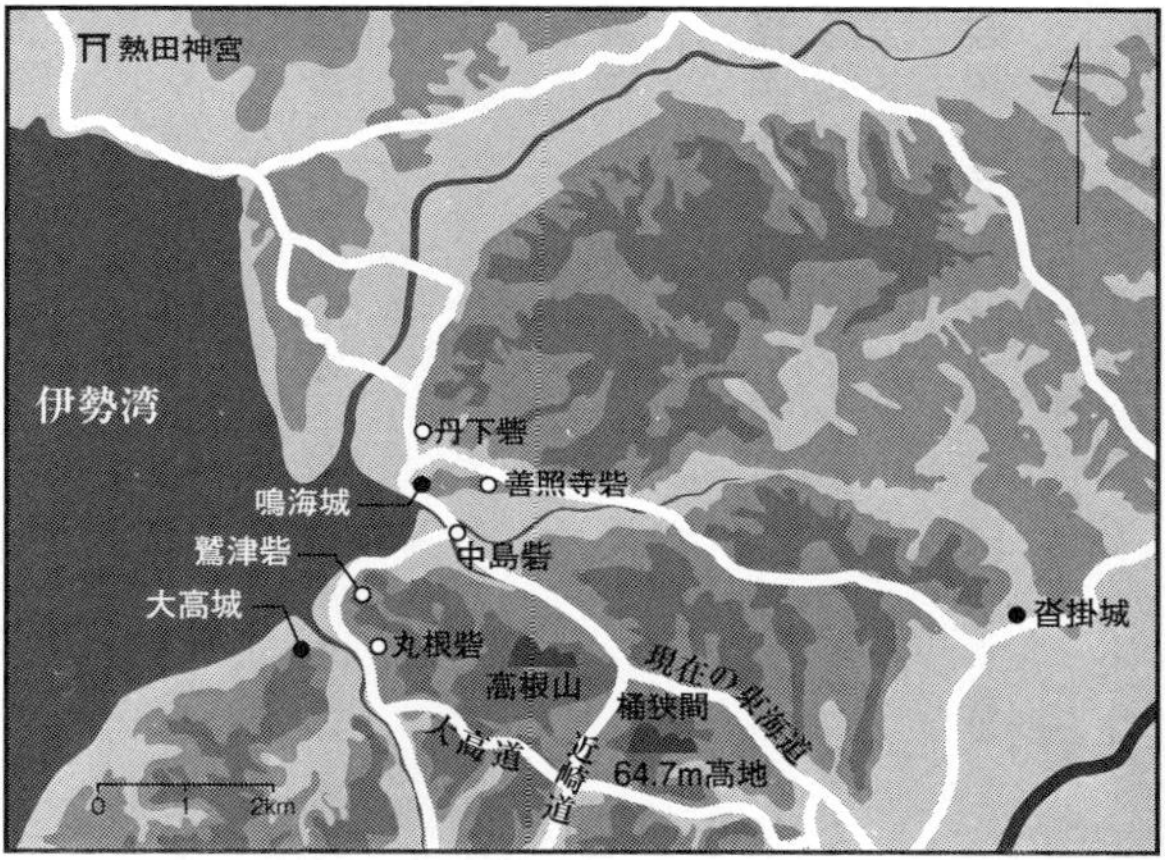

桶狭間の城砦配置図

(注) ●今川方 ○織田方

の習得していた兵法の知識によって信長自身が考えたことである。孫武・呉起の発言内容のカッコ書き部分はいずれも彼らの兵法書に書かれている言葉であることに注目願いたい。二人の兵法は桶狭間の戦いでの信長の戦法に極めてよく合致していることがおわかりいただけるはずだ。

信長　今川がいよいよ攻めてくる。四万五千の軍勢だそうだ。当方は兵をかき集めても、その十分の一だろう。これだけ多勢に無勢では勝ち目がなかろう。何かよい策はないか。

孫武　「無勢で無理な戦いをすれば大軍の餌食になる」だけです。しかし、今回の今川の大軍との決戦を避けてみてもどこか遠くへ逃げ去れるわけではなく、清須城に籠城せざるを得ません。籠城すれば長期戦となります。「長期戦となれば蓄えが尽きて持ちこたえられません」。遅かれ早かれ落城します。とにかく、「速やかに戦って終結させるべき」です。

信長 しかし家老衆をはじめとして誰もが野戦では勝ち目がないので籠城しかないと言っておる。

孫武 「勝を見ること衆人の知る所に過ぎざるは、善の善なる者に非ざるなり」。すなわち、誰もがそれで勝てると思うような作戦は最善ではありません。

呉起 「攻撃して勝つのはたやすいが守って勝つのは難しい」ものです。籠城では勝てません。

信長 しかし、十分の一の軍勢で勝つ策はあるのか。

孫武 「勝利は創り出すべきもの」です。「敵が多勢でも、それを封じ込めばよい」のです。

呉起 それには「地形を利用すること」です。「平坦な場所は多勢の側が有利です。このような場所で戦うことは避け、少人数で戦うのに有利な狭い場所で迎え撃つのです。昔から『一つの力で十の敵を撃つ最善の策は狭い道で戦うことであり、十の力で百の敵を撃つ最善の策は険しい山地で戦うことであり、千の力で万の敵を撃つ最善の策は狭い谷間で戦うことである』といいます。かりに少人数だとしても、狭い地形を選び、不意打ちをかければ、いかに相手が多人数でも驚きあわてざるを得ません」。

信長　なるほど。沓掛城から鳴海城に至るまでは両側が小山で狭間（谷間）の道が続く。少し開けた場所も深い田になっていて道は狭い。千で万を討つには最適だ。敵が四万五千なら四千五百で勝てるということだな。桶狭間を決戦の場にできれば勝てそうだ。それにしても四万五千と四千五百ではいささか違いが大きすぎる。さらに勝ちを確かにする策はなかろうか。

呉起　「先頭と後尾とが分断された敵は攻めやすく」なります。「敵が進みやすく、退却しにくい地形にいるときに誘い出す」ことにより敵を分断することができます。

信長　なるほど、後陣が桶狭間にいる間に、先陣を鳴海城や大高城のある海岸近くの平坦地まで誘い出すことだな。

孫武　「利して之を誘い、乱して之を取る」。つまり、何か餌を与えて敵を誘い出し、混乱させるのです。

信長　当然、大高城・鳴海城の付城の砦を落としにかかるだろう。こちらが砦を守るために先に布陣してしまうのではなく、砦を攻撃させて敵を引き込んでから出陣するということだな。砦が落とされても目をつぶるとしよう。

呉起　「敵は長距離を行軍した上、あわてて移動して疲労困憊している」はずです。このような「敵の弱点を衝けば勝てる」のです。

信長　駿府から四十里を六日がかりで行軍してくれば、それだけでかなり疲れているな。

孫武　「利を見て進まざる者は、労《つか》るるなり」。有利な状況でも攻めてこない敵は疲れています。砦を落とした後に攻めてこないようならば、かなり疲れているとみてよいでしょう。

信長　大高城・鳴海城にいる敵は身動きがとれず、義元本隊も動きが鈍いということだな。

孫武　「卑《ひく》うして之を驕《おご》らしむ」。すなわち、劣勢を装って、敵の驕りを助長すべきです。そして、「其の備え無きを攻め、其の意《おも》わざるに出づ」。敵の備えのない所を衝き、敵が予期しないときに攻めるのが必勝の道です。「凡《およ》そ、戦いは正を以て合い、奇を以て勝つ」。正攻法で攻めるとみせて、敵の意表を衝けば勝てます。

信長　敵はこちらがまず鳴海城を攻めると考えるだろう。そうみせておいて、鳴海城を

呉起　素通りして、桶狭間の義元本隊を攻めることにしよう。敵の兵力は半減して二万そこそこだろう。

信長　それがよろしいでしょう。まだ「戦闘態勢を整えていない敵を攻める」ことが肝要です。

呉起　わかった。ただ、まだ何か策が欲しい。何としても必勝の策を立てねばならない。

孫武　「わが精鋭を選抜して虚を衝き、ためらうことなく速攻を加える」ことです。それによって「敵の態勢を崩し、敵を恐怖に陥れる」ことです。

呉起　その通りです。「速攻こそが勝利の秘訣」です。「善く戦う者は、其の勢や険にして、其の節は短し」。凄まじい勢いで一挙に叩くことが肝心です。そのためにはこちらの「兵を必死に戦うしか活路の開けない地形、つまり『死地』に追い込んで死にもの狂いにさせる」のです。

信長　「兵に激励の言葉をかける」ことも大事なことです。

そうか、兵をかき集めて数を合わせようとするのではなく、むしろ精鋭を厳選し、死地に追い込み、激励し、速攻を加えるのだな。四万五千の内、桶狭間に陣取る義元本隊は二万とみて、我が方はその十分の一あればよいということだ。日頃わしが鍛え上げた小姓や馬廻衆を中核にして血気盛んな若武者が二千もあれば十分だ。

孫武 「戦いの地を知り戦いの日を知らば、則ち、千里にして会戦すべし」です。戦いの場所と日をこちらで決められれば勝利は間違いありません。敵の動きを逐一把握して、ここぞというときを逃さずに出陣することです。

信長 わかった、砦に指示し敵の動きを報告させよう。

呉起 「まさに戦おうとするときには、風向きを調べ、追い風のときに大声を出して攻める」のです。「向かい風では守りを固める」しかありません。

信長 夏の海風は強い。鳴海城から桶狭間に通じる狭い道を吹き抜けていく。桶狭間に向かう我々には絶好の追い風になる。風の強まる未《ひつじ》の刻（午後一〜三時）に決戦を挑もう。

孫武 「天を知り地を知らば、勝、乃《すなわ》ち全《まった》かる可《べ》し」。すなわち、気象を知り、地形を知っていれば勝利は完全なものにできます。

信長 よし、早速家老どもを集めて作戦を徹底しよう。

孫武 それはなりません。「能《よ》く士卒の耳目を愚《ぐ》にし、之《これ》をして知ること無からしむ」。作戦は味方にも秘密にしなければ敵に漏れます。こちらの作戦が敵に漏れたらこの戦は勝てません。

信長　あいわかった。誰にも話さないことにしよう。これで間違いなく義元に勝てるぞ。

再現！　桶狭間の戦い

それでは、『信長公記』の桶狭間の戦いの記述を追いながら、信長が孫呉の兵法を用いて何を考えて、どのように行動したかを再現してみよう。そこに信長の勝因が見えてくる。

『信長公記』の記述の正確性を期すために、ここでは意訳ではなく逐語的に現代語訳を書き、それに対する解説を分けて書くことにする。なお、適当な段落の区切りに【前夜の軍議】のように見出しを付記した。

【前夜の軍議】

永禄三年（一五六〇）五月十七日、今川義元は沓掛城に着陣した。「今川勢は十八日夜に大高城へ兵糧を入れ、援軍が来ないように潮の干満を考えて十九日朝、砦を攻撃することと必定との情報を得た」と十八日夕刻になって、佐久間大学・織田玄蕃から注進があった。ところが、その夜は軍議は一切なく、いろいろ雑談だけして「夜も更けたから帰宅せよ」と許しが出た。家老衆は「運の末には知恵の鏡も曇るとはこのことだ」と、皆で嘲笑しながら帰った。

解説

永禄三年五月十二日、四万五千の軍勢が駿府城を出陣し、いよいよ義元が動いたと知らせが入った。小勢で大軍を破るには巧みな作戦がなければならない。その要点は桶狭間で義元本隊を急襲して壊滅させることだ。そのためには鳴海城・大高城のある海岸近くまで今川の先陣をおびき出して本隊と引き離した上で、鳴海城を攻めるとみせて虚を衝いて義元本隊に精鋭部隊が猛然と突撃するしかない。幸いに桶狭間は狭く入り組んでおり、道をはずれれば深田に足をとられるし、草木が高く・低く茂り、非常な難所だ。この地の利を生かせば必ず勝てる。

籠城戦を主張する家老たちにこの作戦を諮《はか》ったところで反対されるのが落ちだった。同意を取り付けることがたとえできたとしても、決定に不満な家臣から敵方に作戦が漏れる心配もある。そこで信長は軍議には諮らず、誰にも作戦を明かさなかった。

この作戦を成功させるにはタイミングがすべてだった。今川の先陣が砦を攻撃するために海岸近くへ展開する一方で、義元の本隊が桶狭間に留まっているというタイミングをとらえるしかない。この微妙なタイミングをとらえられるかどうかが勝負の分かれ目だった。そのため、信長は今川の動きを一刻も早く察知し、逐一注進するように各砦に命じておいた。

十八日夕刻、丸根砦の佐久間大学、鷲津砦の織田玄蕃から「今夜大高城へ兵糧を補給し、明朝の満潮時に砦を潰しにかかるのは必定との情報を得た」と注進があった。今川軍に紛れ込ませた間者からの情報であろう。正に待ちに待った報告だ。狙い通りに敵は餌に食いつきそうだ。いよいよ明日が決戦だ。

【出陣と善照寺砦着陣】

予想通りに夜明け方、佐久間大学・織田玄蕃から「早くも鷲津山・丸根山へ今川勢が取り掛かっている」と注進があった。このとき、信長は敦盛を舞って「人間《じんかん》五十年、下天《げてん》の内をくらぶれば、夢幻《ゆめまぼろし》のごとくなり。ひとたび生を得て、滅せぬ者のあるべきか」と唄った。「法螺《ほら》を吹け、具足《ぐそく》をよこせ」と言い、鎧《よろい》をつけ、立ったまま食事をとり、兜《かぶと》をかぶって出陣した。

そのときの御伴は小姓衆の岩室長門守《いわむろながとのかみ》(以下四名略)、これら主従六騎、熱田まで三里を一気に駆け、辰《たつ》の刻に上知我麻《かみちかま》神社の前から東を見ると、鷲津・丸根両砦が落ちたらしく、煙が上がった。このとき、馬上六騎と雑兵《ぞうひょう》二百人ほどであった。浜沿いに行けば近いが、潮が満ちて馬が通れないので、熱田から上手の道を駆けに駆けて、まず丹下の砦へ行き、そこから善照寺の佐久間信盛が在陣する砦へ行き、人数を集め、軍勢を揃えて、戦況を確認した。

解説

明け方に砦への攻撃が開始されたと注進があった。これこそが出陣の合図だ。信長は戦支度を命じ、敦盛を舞って決死の覚悟を固め、急いで出陣した。砦の戦況を一刻も早く把握するために、兵が揃うのを待たずに熱田神宮まで三里(約十二キロ)を一気に駆けた。辰の刻(午前七~九時)、鷲津砦・丸根砦が既に落城したらしく煙が上がった。信長は義元が間違いなくこちらの餌に食いついたと確信した。

信長は一旦丹下砦に入り、次に善照寺砦に入って、軍勢を集めて陣容を整え戦況を確認した。ここまで信長に遅れじと必死に追う試練を与えて、信長は精鋭をふるいにかけて集めたのだ。善照寺砦は鳴海城の東側の小山に築かれている。この善照寺砦に北西側から集結してくる信長軍の動きは、南東側から善照寺砦を望む桶狭間《おけはざま》山《やま》の義元からは砦の陰になって把握することができなかった。

【今川勢の布陣と緒戦の敗北】

敵、今川義元は四万五千を率い、桶狭間山で人馬を休めていた。五月十九日午《うま》の刻、義元は北西に向かって陣を備え、「鷲津・丸根を攻め落とし、満足これに過ぎるものはない」と言って謡《うたい》を三番唄ったそうである。このたび家康は、朱色の具足をつけて今川方の先陣をつとめ、大高城へ兵糧を入れ、鷲津・丸根攻めに手を焼き苦労したので、人馬を休ませて大高城に在陣した。

信長が善照寺砦へ来たのを見て、佐々《さっさ》隼人正《はやとのしょう》、千秋《せんしゅう》四郎の二人を頭に人数三百ほどが今川勢に向かい、徒歩で突き進んだところ、敵方がどっと攻めかかってきて、槍の下で千秋四郎、佐々隼人正をはじめとして五十騎ほどが討死した。これを見て義元は、「義元の矛先《ほこさき》には天魔鬼神もたまらない。よい心地だ」と喜んで緩々《ゆるゆる》と謡を唄い陣を据えた。

解説

義元は本隊を率い、戦況を把握するため城や砦が見渡せる眺めのよい桶狭間山で休息していた。午の刻（午前十一～午後一時）に北西、つまり鳴海城の方向に向かうために陣を準備していた。義元は次の作戦として鳴海城の付城の三つの砦を落とそうとしていたのだ。

義元は幸先よく鷲津砦・丸根砦を攻め落として大満足で謡を三番唄った。徳川家康（この時点では松平元康と名乗る今川軍の武将）は大高城に兵糧を入れ、さらに二つの砦を落とすのに苦労したので兵を休めて大高城に陣を据えていた。信長の狙った通り敵は分断され、しかも、先陣は疲労し、後陣は驕った状況が生まれていたのだ。

善照寺砦に到着した信長は佐々隼人正、千秋四郎に命じて人数三百ばかりで至近にある鳴海城を攻めさせた。義元からよく見えるように城の南側へ回り込んで攻めた。これにより織田軍の狙いが鳴海城にあることを義元に確信させるとともに、鳴海城援護に出陣しようとして義元が見晴らしの良い山から狭間へ降りるように仕向けたのだ。

鳴海城からどっと打って出た今川勢に千秋、佐々をはじめとして五十騎ばかりが瞬く間に討たれた。この様子を見た義元は大いに喜んで、緩々と謡を唄い、その後に、いよいよ進軍しようとして山を下りて桶狭間の狭い道に陣形を整えて軍を据えた。これによって義元自身も義元の軍勢も狭間の曲がりくねった道や生い茂る樹木に遮られて、進軍してくる信長軍の動きが見えなくなった。緒戦の勝利にすっかり気をよくして油断して見張りもおかず、軍勢の行動も緩慢だった。
ここで藤本氏は『信長公記』には一切記載のない「今川前軍」の存在を前提として推論を展開している。『信長公記』の記述に基づいて正面攻撃説を証明しようとする原則から逸脱した推論と言わざるを得ない。

【善照寺砦から中島砦への進軍】

信長がこれを見て、中島砦へ移ろうとしたところ「両脇は深田で足を踏み込めば動きがとれず、道は一騎ずつ進むしかありません。無勢であることが敵方より定かに見えてしまいます。もってのほかです」と家老衆が馬の轡《くつわ》の引手に取り付いて口々に言ったが、振り切って中島砦へ移った。このとき、軍勢は二千足らずだったそうだ。

解説

桶狭間山の義元からは低地にある中島砦も、そこから桶狭間へ至る道も一望できた。信長は義元が桶狭間山を下って見えなくなったことを確認し、今こそ移動すべきとみて、家老衆の制止を振り切り急いで中島砦へ移った。小勢であることが鳴海城や大高城から丸見えだったにもかかわらず、城兵が攻め寄せる様子もなく、昨夜からの軍事行動で疲労して動けないと信長は判断した。これで、鳴海城・大高城の先陣と桶狭間に陣取る義元本隊の分断は成功し、かつ、義元本隊を攻めても背後から襲われて挟み撃ちになることはない。信長はそう確信した。

【中島砦から山際への進軍】

中島砦から、また軍勢を出した。今度は家老衆が無理にすがり付いて止めたが、ここで信長は、「皆、よく聞け。あの武者は昨夕兵糧を食した後、夜を徹してやってきて、大高城へ兵糧を入れ、鷲津・丸根攻めに手を焼き苦労して疲れた武者だ。こちらは新手《あらて》の兵だ。その上、『小軍にして大敵を怖《おそ》るることなかれ。運は天にあり』という言葉を知らぬか。攻めてきたら退き、退いたら攻めかかるべし。何としてもねり倒して、追い崩せ。たやすいことだ。分捕りをせず、打ち捨てよ。戦いに勝てば、この場に参じた者の家の面目は末代まで高い。ひたすら励め」と言った。

そう言っているところへ前田又左衛門（以下八名略）が手に手に首を持って参上した。同じことをよく言い聞かせて山際まで軍勢を進めたところ、にわかに雨が降り、石や氷を投げ打つように敵の顔に打ち付けた。味方には背中から降りかかった。沓掛の峠の松の根元にある二抱えも三抱えもある楠《くすのき》がこの雨で東へ降り倒された。余りのことに「熱田大明神の神軍《かみいくさ》か」と皆口々に言った。

解説

ここまで作戦通りに進んだ。この機を逃してはならない。義元本隊が狭間から抜け出てきてしまう前に一気に攻め立てねばならない。そこで、早速、中島砦から出陣しようとした。今度も家老衆が無理にでも止めようとするのを振り切った。信長は、ここで兵に死地に赴く覚悟を固めさせようと大声で叫んだ。鳴海城・大高城に籠っている敵は疲れているので恐れるな、そして戦いに勝てば家の面目は末代まで高いので全力で励めと兵を励ますことを忘れなかった。

そこへ鳴海城を攻撃した前田利家らが討ち取った敵の首を持って帰還してきた。彼らにも同じことを言い聞かせて中島砦を出陣した。鳴海城に攻めかかるとみせておいて、信長軍は桶狭間へと向かった。兵たちはこのとき初めて義元本隊へ突撃するのだと知り、逃げ場もなく、退くこともできない狭間の死地へ突っ込んでいく覚悟を固めた。

信長は桶狭間の山際まで軍勢を進めた。そこに、にわかに大粒の強い雨が降り今川勢の顔に打ち付けた。味方には背中から降りかかった。予測通り追い風が強く吹いたのだ。信長はこれを利用して兵の士気を高めるために叫んだ。「これは熱田大明神の神軍だ」。皆も呼応して口々に叫んだ。そして、今川勢に気付かれることなく、さらに桶狭間へと兵を進め、義元本隊との距離を至近まで詰めた。

　このときの信長の行動は義元から丸見えであったとする研究者が多い。ところが、中島砦から山際まで移動し、さらに突撃を開始するまで今川勢に遭遇した記述が『信長公記』には一切ない。中島砦から一、二キロぐらいであろうか、距離は定かではないが、この間には大高城・鳴海城からの出兵もなければ、桶狭間に布陣した義元本隊からの出兵もなかったということだ。義元から信長の動きが見えていなかったことを如実に物語っている。

　ここに正面攻撃でありながら、奇襲の要素があった。孫武は言った。「敵の備えのない所を衝き、敵が予期しないときに攻めるのが必勝の道です。正攻法で攻めるとみせて、敵の意表を衝けば勝てるでしょう」。呉起も言った。「まだ戦闘態勢を整えていない敵を攻めるのが必勝法です」。つまり、信長がとった作戦は「正面奇襲戦法」とでも呼ぶべきものだったのだ。

【突撃と激戦の末の勝利】

　空が晴れたのを見て信長は槍を取って、大音声《だいおんじょう》を上げて「さあ、かかれ、かかれ」と叫び、黒煙を立てて突撃した。これを見て、敵は水が巻いて引くが如くに後ろへどって崩れた。弓、槍、鉄砲、のぼり、指し物が算を乱した状態で、義元の塗輿《ぬりこし》も捨てて崩れ逃れた。

「義元の旗本はここだ、これへかかれ」と命令があり、未の刻、東へ向かって攻めた。はじめは三百騎ばかり真丸《まんまる》になって義元を囲んで退いたが、二、三度、四、五度、引き返して戦い、次第に人数が減り、最後には五十騎ほどになった。信長は馬を下り立って若武者どもと先を争い、突き伏せ、突き倒し、いきり立つ若武者どもが乱れかかって、しのぎを削り、鍔《つば》を割り、火花を散らし、火焔《かえん》を降らした。しかし、敵味方の武者が見分けられなくなることはなかった。ここで馬廻、小姓衆歴々多数が負傷・死亡した。服部小平太が義元に攻めかかり膝口を斬られ倒れ伏した。毛利新介が義元を斬り伏せ、首を取った。

解説

強い追い風が吹いている。いよいよ全力で突撃するときが来た。空が晴れたのを見て信長は槍を取って、大音声を上げて「さあ、かかれ、かかれ」と叫んで突撃した。追い風に乗って全員が大声を上げて突っ込んでいった。「追い風のときには大声を出して進め」という呉子の兵法だ。

これを見て、敵は驚き、恐怖にかられて、後ろへどっと崩れた。細い曲がりくねった狭間に展開していた義元の後続の軍勢は前方で何が起きているかも信長の軍勢の人数も何もわからない。前方からあわてて逃げてくる味方に突き飛ばされ、恐怖にかられて逃げ惑うしかなかった。全軍が狭い道を一挙に退却し始めて大混乱に陥ったのだ。義元の塗輿までも打ち捨てて崩れ逃れた。

正に呉子の兵法の通りだ。「千の力で万の敵を撃つ最善の策は狭い谷間で戦うことである。かりに少人数だったとしても、狭い地形を選び不意打ちをかければ、いかに相手が多人数でも驚きあわてざるを得ない」。これで桶狭間の戦いの勝負は決したのだ。敵を蹴散らしつつ突撃を続ける信長はとうとう義元に追いついた。未の刻、「義元の旗本はここだ、これへかかれ」と命令して東へ向かって攻めた。その後は怒濤の攻めで旗本の軍勢を切り崩し、遂に義元の首を討ち取った。牛一の筆は、死地に置かれた信長の馬廻、小姓衆の壮絶な戦いぶりを見事に描き出している。

なお、現代のデータであるが濃尾平野における夏の海風は午前十一時から午後一時にかけて発達し、午後二時から六時に最盛期となるという報告がある（日本気象学会機関誌「天気」）。信長が「旗本はここだ、これへかかれ」と命令して東へ攻めた未の刻は午後一時から三時であるから、正に海風が最盛期になり始める頃に突撃が行われたのである。信長はこの地の海風の変化も熟知して作戦を立てていたのだ。

【勝利後の始末】

運の尽きた証拠に、桶狭間は狭く入り組んで、深田には足をとられ、草木が高く・低く茂り、非常な難所であった。深田へ逃げ込んだ者があちこち這いずり回るのを若武者どもが追い付いて、二つ三つずつ手に手に首を取り、信長の御前へ持参した。「首はいずれも清須にて実検する」と言って、義元の首を見て大いに満足した。来た道を通って帰陣した。（中略）

翌日、実検した首の数は三千あまりだった。（中略）

鳴海城に立て籠もっていた岡部五郎兵衛は降伏したので一命を助け城を明け渡させた。今川方の大高城、沓掛城、池鯉鮒《ちりふ》城、鴫原《しぎはら》城も同時に退散した。

解説

討ち取った首は三千あまり。信長は大勝利に加えて、義元も討ち取り大満足であった。

今川勢は鳴海城、大高城、沓掛城、池鯉鮒城、鴫原城のすべてから撤収し、信長は桶狭間の戦いに完全勝利した。それは「偶然・幸運」がもたらしたものではなく、信長にとっては「必然・必勝」の策の結果だったのだ。

信長の勝因・義元の敗因

桶狭間の戦いを分析することによって信長が兵法に精通し、それをうまく活かして勝利を得る策を立て、必勝を確信して戦ったことが明確になった。信長がこのような戦術に長けていたことを書き残した証言者がいる。イエズス会宣教師ルイス・フロイスの書いた『日本史』の記述から要約・編集して紹介しよう。

「善き理性と明晰な判断力を有し、はなはだ決断を秘め、戦術にきわめて老練で、戦運が己に背いても心気広濶、忍耐強かった。困難な企てに着手するに当たってはなはだ大胆不敵であった」

桶狭間の戦いでは正にこれが発揮されたわけだ。信長の勝因は「孫呉の兵法」を駆使した正面奇襲攻撃だった。このことは、孫呉の兵法を知っていれば誰でも理解できたはずだ。

信長は義元の首ひとつを狙っていたという説と義元を討ち取ることまでは考えていなかったとする説がある。今川軍は義元が討たれる前に既に崩れており、最終的に三千人が討ち取られた。その壊滅状況をみると義元を討つことが勝利の必須条件ではなかった

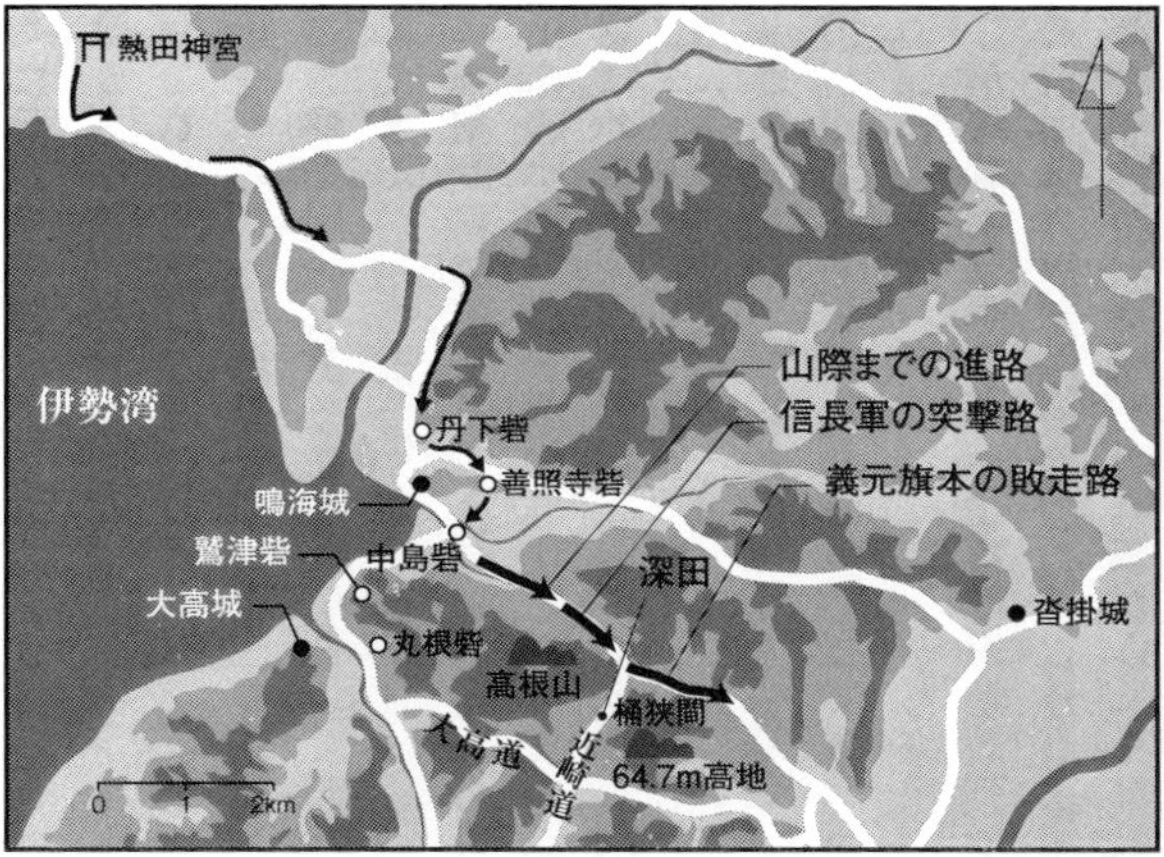

桶狭間の戦いの解説図　（注）●今川方　○織田方

ようにも思える。しかし、義元の旗本を見つけて「旗本はここだ、これへかかれ」と命令したことをみると、信長は義元を討てると予測していたし、それも狙っていたのであろう。

　その裏付けとなる話が『朝倉宗滴話記』の第十六条に書かれている。

「大将は陣の前方に居なければならない。大将が陣の後方に居れば、先陣の兵も知らずと後方に集まり、敵がほんの少し攻めてきただけでも、我先にと逃げようとするものだ」

　つまり、義元は狭間に細長く展開した軍勢の比較的前方に居なければならなかった。現に『信長公記』には信長勢が突撃して今川勢が崩れると弓、槍などとともに義元の塗輿も打ち捨てられていた記述があるので、義元はかなり前方にいたことは確かだ。

これにもかかわることだが、実は現在「桶狭間山」とされている場所からは鳴海城などを見ることができない、という地形上の厳然とした事実がある。『信長公記』の記述の理解に重大な誤りがあるのだ。これは現地を一度でも歩き回って確認してみればわかることだ。

桶狭間にはそもそも「桶狭間山」という名の山はない。最も高い標高六十四・七メートルの小山が桶狭間山と比定されているがその辺り一帯のどこから見ても一キロ半ほど先にある高根山、巻山、幕山に視界を阻まれて鳴海城方面を見ることはできない。しかも、鳴海城までは四キロ半ほどある。人の動きまで確認できるような距離ではない。義元が戦況のよく見える場所に陣取ることは当然であり、そうなると地形的にはかなり前方へ出てくることになる。信長もそう予測し、義元を討てるという確信を持っていたのだ。

桶狭間から鳴海城へ至る地形から判断すると、義元が戦況を見るためには高根山に登るか、その周辺の視界の遮られない場所に登るしかない。つまり、『信長公記』に書かれた桶狭間山とは、鳴海城から三キロほどの高根山周辺だったことになる。この辺りは桶狭間の最も鳴海城方向に近い北西のはずれにあたる。そこから一キロほど敗走を続けて、義元が討たれたのが桶狭間の北東寄りの場所だったと考えるべきである。義元の旗本が「二、三度、四、五度、引き返して戦い」という『信長公記』の記述もかなりの距離の敗走が続いたことを示している。

また、義元が討たれたのは大高道（大高城と沓掛城を結ぶ道）へ抜ける道（近崎道《ちがさきみち》）とする説があるが、そうすると織田軍は「南」へ攻めたことになる。『信長公記』には信長が義元の旗本に追いついて「かかれ」と命令した後に、「東」へ攻めたとわざわざ書かれている。そうであれば、中島砦から高根山の北側を通り抜け、近崎道との分岐点を右（南）にまがったのではなく、直線的に左（東）へ向かって攻めたことになる。わざわざ「東へ攻めた」と太田牛一が書いたのは、この分岐点があることを意識したためであろう。義元は鳴海城から桶狭間に至る道（現在の東海道）沿いに逃げて討たれたことになる。おそらく本道である近崎道は敗走する今川軍で充満した状態であったため、脇道である東海道側に逃げざるを得なかったのであろう。

桶狭間の郷土史研究家によれば、深田はこの道にはなく、近崎道に存在していたとのことだ。今川勢は分岐点で二方向へ分かれて敗走し、近崎道に逃れ、深田に落ちて討ち取られた者も多かったということであろう。『信長公記』での深田に足をとられて討たれた今川勢の話が、義元が討ち取られた話の後に書かれているのもそのことを裏付けている。

こうしてみてくると今川義元の敗因は狭隘《きょうあい》な地形である桶狭間に義元本隊が陣取ったことにあったように思える。そこを信長に衝かれて大敗を喫することになったのだ。そのような地に義元がなぜ陣取ったのかという疑問がわく。孫子の兵法にも「行動の困難な圮地《ひち》（山林の起伏の多い地、山間の隘路《あいろ》、湿地・沼地）は速やかに通過せよ」と書かれている。義元本隊も速やかに桶狭間を抜けて鳴海城周辺まで軍を進めておくべきだった。やはり、義元は暗愚な武将で兵法の「いろは」も知らなかったのだろうと思えてしまう。

しかし、名将として知られる太原崇孚《たいげんそうふ》雪斎《せっさい》に幼い頃から訓育を受けた義元が兵法を知らないわけがない。おそらく、義元は二つの理由で桶狭間に本隊を駐留させたのであろう。ひとつは兵の休息地として夏の日差しを避けられる日陰のある桶狭間が適当と考えたこと。もうひとつは高根山周辺の高地から戦況を一望のもとに見て、次の作戦を考えようとしたこと。孫子の兵法にも次のように説かれている。「起伏に富んだ地形では、先に視界良好で戦場を支配する高地を占領して、敵を待て」。義元の行動はこれに適っていた。また、「隘路は先に占領し、隘路口を封鎖して敵を待て」とも説かれている。桶狭間の隘路を先に占領したが、桶狭間からの出口の封鎖が不十分だったのだ。そのため信長軍の突撃に対して、前陣がひるんで後退して一挙に全軍が崩れてしまった。こうして突き詰めてみると、桶狭間へ向かって進軍してくる織田軍の動きを把握できていなかったことと、隘路口の封鎖が弱かったことが義元の真の敗因といえよう。

現在、今川義元が本陣を据えた場所と終焉の地とされる場所は名古屋市緑区と豊明市の両方にそれぞれ存在している。名古屋市の本陣とされる丘には信長軍が駆けあがって攻めたとされる「信長坂」と命名された坂がある。しかし、孫武は「高地に陣取った敵を正面攻撃してはならない」と説く。加えて豪雨が降った後の上り坂は足が滑ってしまい駆けあがるのは困難である。「信長坂」は兵法から見ると存在しえない坂である。既に述べてきたように義元の本陣は高根山周辺、すなわち名古屋市となる。義元終焉の地は東海道沿い、すなわち豊明市となる。どちらの場所も自分の地元にあってほしいという結論からは議論しないでいただきたいものである。

以上記してきたように、桶狭間の戦いでの正面攻撃で信長が勝利できた理由の解明ができた。戦国武将である信長が兵法に精通していたことは容易に推測できることだが、従来研究者の誰も孫子・呉子の兵法に注目しなかった。その根源的な問題を『「甲陽軍鑑』の悲劇』に浅野裕一氏は次のように書いている。『甲陽軍鑑』を偽書とする定説が歴史学界で長年守られてきた背景として説明されたものである。「日本中世史の研究者は軍事史家やその研究に対して異常なほど冷淡である」。軍事史は歴史学から低く見られて研究が疎かにされてきたということだ。

桶狭間の戦いが正面攻撃であることを唱えた藤本正行氏は日本軍事史専攻である（『新版 信長は謀略で殺されたのか』二〇一四年の著者紹介文による）。その藤本氏が気付いて私と同じ分析を行って先に発表しておいてくれたら、私が初めて発表するよりもはるかに早く、世の中に広く受け入れられたに違いない。とても、残念に思う。

第三章　解明された苛烈・残虐の真相

信長の行動特性

桶狭間《おけはざま》の戦いが迂回奇襲戦であったという話を創作した軍記物『甫庵信長記《ほあんしんちょうき》』は小瀬《おぜ》甫庵《ほあん》が『信長公記《しんちょうこうき》』を盗作・改竄して書いたものだが、甫庵はその最後に「信長公早世《そうせい》の評」という章をわざわざ追加して、なぜ信長は早死にすることになったのかを解説している。要約すると次のことが書かれている。これによって信長の苛烈・残虐なイメージが広まったのだ。

一、守《も》り役の平手政秀の諫言《かんげん》を聞かなかったように、孝行の気持ちが薄かった。孔子が言ったように不孝の罪は大きい。
二、鬼神を敬い、神を祀らなかったので神に守られなかった。
三、武道のみに力を入れ、文道をないがしろにして学問をしなかった。
四、敵国の兵を皆討ち滅ぼし、仁政に背いた。
五、高野山の聖《ひじり》を数百人殺し、高野山を滅ぼそうとした。
六、信賞必罰に厳しく、昔の過失を理由に数人を追放した。

七、諫言する家臣をもたずに政道に背くことをした。

一方で、第二章で紹介したイエズス会宣教師ルイス・フロイスによる信長の人物評にもいろいろ書かれている。

「極度に戦を好み、軍事的訓練にいそしみ、名誉心に富み、正義において厳格であった。自分に加えられた侮辱に対しては懲罰せずにはおかなかったが、幾つかのことでは人情味と慈愛を示した。貪欲でなく、非常に性急であり、激昂するが、平素はそうでもなかった」

「神や仏への礼拝、占いや迷信的習慣を軽蔑した。霊魂の不滅や来世の賞罰などはないとみなした。対談の際に遅延することやだらだらした前置きを嫌い、ごく卑賤《ひせん》の家来とも親しく話した」

「睡眠時間は短く早朝に起床した。酒を飲まず、食を節し、人の扱いにはきわめて率直で、自らの見解には尊大であった。自邸においてきわめて清潔で自分のあらゆることを丹念に仕上げた」

「ほとんど家臣の忠言に従わず、一同からきわめて畏敬されていた。万事において人々は彼の言葉に服従した」

信長はイエズス会を大いに庇護した人物なので好意的な書き方になることを考慮しても、家臣だけでなく自分も厳しく律し、軍事力を強化し、何事も合理的に判断し、大胆かつ忍耐強く行動するたくましい人物像が浮かび上がってくる。

二つの評価は相反するように見えて、実は共通する点が多い。

フロイスの言う「極度に戦を好み、軍事的訓練にいそしみ」は、甫庵の評の第三条の「武道（のみ）に力を入れ」に一致する。

「正義において厳格であった。自分に加えられた侮辱に対しては懲罰せずにはおかなかった」は第六条の「信賞必罰に厳しく」に一致する。

「神や仏への礼拝、占いや迷信的習慣を軽蔑した」は第二条の「神を祀らなかった」に一致する。

「自らの見解には尊大であった。（中略）ほとんど家臣の忠言に従わず、一同からきわめて畏敬されていた。万事において人々は彼の言葉に服従した」は第七条の「諫言する家臣をもたず」に一致する。

そこで、フロイスの評価も念頭に置いて第一条から順に非難の妥当性を評価してみたい。

第一条の平手政秀の件は、第一章で謎解きしたように誰にも秘密にして大うつけを偽装していたことが原因であり、孝行の気持ちの有無の問題ではない。

第二条の「鬼神を敬い」というのは史実としては確認できない。また、フロイスは「神や仏への礼拝、占いや迷信的習慣を軽蔑した。霊魂の不滅や来世の賞罰などはないとみなした」と書いているのであって、むしろ現代人からみれば信長の合理的な考え方を示していると受け取れる。

第三条は、武道に力を入れたことは間違いないが、中国の歴史や兵法をよく学んでおり、「学問をしなかった」とはいえない。

第四条は敵国の兵を皆討ち滅ぼしたわけではないが、比叡山焼討、長島・越前・伊賀での一揆の根切り（皆殺し）などをみると仁政に背いたという非難は当たっているようだ。

第五条は『信長公記』にも天正九年（一五八一）八月十七日に高野聖を方々から探し出して数百人搦《から》め捕って悉《ことごと》く処刑したことが書かれている。高野山が度々信長の命令に従わなかったためであり、不服従の相手に対する厳しい処罰であったといえる。

第六条は天正八年（一五八〇）に譜代の重臣佐久間信盛などを追放したことを指しており、事実といえる。

第七条はフロイスの書いた信長の人物評とも一致している。信長の政権は「信長がすべてを決裁する体制」だったと評する研究者もいる。

こうしてみると、第二条の「合理」、第四条の「根切り」、第五条の「厳罰」、第六条の「信賞必罰」、第七条の「独裁」、そしてフロイスの人物評に書かれている「自己規律」(早朝に起床、酒を飲まず、食を節し、清潔)が信長の行動の特性と思われる。

それでは、この行動の基にあったものは何であろうか。従来、苛烈、残虐など信長の「感情・性格」に答が求められてきたが、それは本当であろうか。「信長脳」の中に何があったのか探ってみよう。

戦国武将が学んだ思想

紀元前七七一年、中国は周の幽王が殺され、諸国間の抗争の時代に入る。春秋・戦国と続く戦乱の時代は秦の始皇帝による天下統一がなされる紀元前二二一年まで実に五百五十年続く。

この時代に様々な政治思想を説き諸国の政治・軍事に影響を及ぼす学者・学派が現れた。それが諸子百家である。代表的なものは孔子《こうし》・孟子《もうし》・荀子《じゅんし》らの儒家《じゅか》、老子・荘子らの道家《どうか》、墨子《ぼくし》らの墨家《ぼっか》、韓非《かんぴ》らの法家《ほうか》などである。孫武《そんぶ》、呉起《ごき》らは兵家《へいか》と呼ばれ、諸子百家のひとつに位置づけられる。諸子の伝記は『史記』にも書かれ、また、その思想は彼ら自身の書によって広く知られている。

この中で最も早く組織的な活動を始め、また後世に大きな影響を与えたのが孔子を祖とする儒家である。五帝の堯《ぎょう》・舜《しゅん》など古代の君子の政治を理想とし、徳による王道で天下を治める徳治主義を主張し、「五常」と称する「仁・義・礼・智・信」の徳目を説いた。一方で、戦国の時代には当然とされる武力による覇道を厳しく批判した。

孔子の思想は性善説を唱える孟子、性悪説を唱える荀子などに引き継がれて儒家は隆盛を誇るが、天下を統一した秦の始皇帝のいわゆる「焚書坑儒《ふんしょこうじゅ》」政策によって弾圧を受けた。漢代になると儒家は再び尊重されるようになり、以後中国社会の規範となった。儒家の思想（儒教）は東アジアに広まり、朝鮮では十三世紀に仏教を排して、南宋時代（一一二七〜一二七九）に確立した儒学の一流派である朱子学を官学とした。

日本には五世紀頃に儒教が伝わり、孔子の死後に門人たちが編纂した『論語』によってその思想が広まった。さらに、朱子学が鎌倉時代に伝わって広まり、室町時代には京都五山や鎌倉五山など主として禅宗寺院で研究され、各地の大名へも広まった。武田信繁が家訓の中で圧倒的に多く引用しているのも『論語』である。「信長公早世の評」を書いた小瀬甫庵は第一条で孔子の言葉を引用していることからわかるように儒者であった。

一方で儒家を厳しく批判したのが戦国時代末期の法家の韓非である。『史記』には秦の始皇帝が『韓非子《かんびし》』を読んで「これを書いた者に会えたら死んでもよい」と言って韓非を招聘したことが書かれている。

韓非の書いた『韓非子』は性悪説に立つ統治の学であり、為政者が密かに読むべきものとされた。五十五篇に及ぶかなりの分量の書である。しっかりした規範を作って、悪なる本性を押さえ込むべきことを主張し、徳治主義を説く儒家と激しく対立した。

日本では寛平《かんぴょう》年間（八八九〜八九八）に編纂された藤原佐世《すけよ》『日本国見在書目録《げんざいしょ》』に「韓子十巻」とみられるのが『韓非子』の初見とされる。江戸中期に荻生徂徠《おぎゅうそらい》ら学者による研究・注釈本が多く書かれた。

信長脳の中の韓非子

『韓非子』には次のように説かれている。

人間を動かしている動機は仁ではなく利益である。人間それぞれの立場で利益は異なる。主君と家臣の利益は別であり、主君にとって家臣はいつ裏切るかわからない相手、家臣にとって主君はいつ誅殺されるかわからない相手である。この前提で主君が家臣を使いこなすには「法」と「術」が必要である。法に基づき、違反者は厳しく罰さねばならない。術は人に見せるものではなく、主君の胸の中に収めておき、秘密のうちに家臣を統制するものである。

『韓非子』の説く主君と家臣の人間関係はこのように極めてドライなものであり、現代の企業組織の中での人間関係にも似ている。およそ儒家の説く王道や徳治とは異なるものだ。『韓非子』に書かれているのは覇道で勝ち抜くための思想そのものといえる。

信長がこの『韓非子』を学習していたという記録はない。しかし、信長の行動の特性である「信賞必罰」「厳罰」「独裁」「自己規律」「合理」「根切り」はいずれも『韓非子』の説いたことに見事に合致している。儒者の甫庵から見れば信長は『韓非子』の体現者に見えたのだ。

信長が自分の統治思想の裏付けを『韓非子』に求めた可能性もあるが、信長自身で独自に固めた思想が結果として『韓非子』に合致していたとも考えられる。始皇帝も『韓非子』に学んで自分の政治思想を作り上げたわけではなく、自らが作り上げた政治思想に『韓非子』の思想が合致したので韓非を招聘しようとしたのである。覇道での勝利を徹底して追求する人間が共通して持つことになる思想が『韓非子』なのであろう。

具体的にどのようなことを説いているか、いくつか紹介しよう。まず、「常に強い国も常に弱い国もない。法を奉じる者が強い国は強く、それが弱い国は弱い」と法治が国の根幹であることを説き、「賞も罰も言うだけで行わなければ賞罰への信頼がなくなり、兵は命がけで戦わなくなる」と「信賞必罰」の必要性を強調する。また、「重い刑を与えるのは罪を犯した本人を罰するためではない。罪を犯そうと思う者をなくすためだ」とし、罪に相応する罰ではなく予防、つまり見せしめのための「厳罰」の必要性を説く。

「適材適所に人を配置すれば上位者は何もしなくて済む」と家臣を適材適所に用いることを説き、「主君は自分の計算で家臣を抱え、家臣は自分の計算で主君に仕える。君臣の交《まじわり》は計なり（君臣の交わりは計算による）」として、そのような家臣に背かれないためには「明君は家臣が叛《そむ》かないことに頼るのではなく、叛けないように手を打つものだ」と説く。また、「ずるい兎がすべて狩られれば猟犬が煮て食べられる。同じように敵国が滅びれば謀臣が殺される」と主君が用済みとなった家臣を処分すべき現実を指摘する。

「戦いの場では詐偽《さぎ》も行わねばならない」「奮死の戦いをすれば一人で十人、十人で百人、百人で千人の敵に対抗でき、一万人では天下全体に勝てる」と、孫武や呉起とも共通する兵法も説いている。「相手を破ろうと思ったら必ずまずしばらく相手を助けよ、相手から取ろうと思ったら必ずしばらく相手に与えよ」という言葉に戦国時代における同盟が信義などという甘いもので成り立っていなかったことを思い知らされる。

戦国の世に生き残るためには、このようにどこにも甘さの入り込む余地のない厳しさが求められることを説いているのだ。

また、『韓非子』は主君が「術」を駆使して家臣を操縦する「独裁」が理想の姿だとする。池上裕子氏は信長の独裁を次のように表現しているが、正に『韓非子』を体現しているといえる。

「(信長にとって) 当面のもっとも重要な課題は戦争遂行、分国拡大であった。その面において、信長は軍事指揮権を自分一人に集中し、あらゆる家臣を自分の思い通りに動かそうとした独裁的な権力であった。(中略) 前途に果てしない侵略戦を想定した、軍事指揮権の集中に基づく独裁性・専制性が信長という権力を成り立たせている」

「毎日びくびくするぐらいに身を慎め。それを続ければ天下をも取れる」と自己を厳しく律することを求めている。これはフロイスの人物評に書かれた信長の「自己規律」に通じる。「亀甲による占いにはまったく意味がない」と軍事作戦を亀甲による占いで決める非合理性を糾弾しているが、これもフロイスの信長人物評の「合理」に通じている。「迹《あと》を削りて根を遺すことなかれ。禍《わざわい》と隣することなければ禍すなわち存せず（やるなら徹底してやり、禍根を残してはならない）」と説くのは正に「根切り」の精神である。

それでは、信長の具体的な行動と『韓非子』の合致を見てみよう。

なぜ敵将の男児を殺したか

『韓非子』の合理性は戦国の世に勝ち残り、生き残るための合理性、すなわち生存合理性である。戦国武将はこの生存合理性を追求した存在であり、それを最も徹底して実践して貫き通したのが信長であったとみると、信長のとった行動もよく理解できる。その一例が滅ぼした敵将の男児を幼少といえども探し出して処刑していることだ。現代人からみれば惨《むご》い行為であるが、それも信長の生存合理性だったのだ。

『信長公記』には、天正元年（一五七三）八月に朝倉義景、浅井長政を相次いで滅ぼした後のことが次のように書かれている。

「義景の母儀、並びに、嫡男阿君丸《くまぎみまる》を尋ね出だし、丹羽五郎左衛門に仰せ付けられ、生《しよう》害《がい》（殺害）候なり」「浅井備前（長政）が十歳の嫡男御座候を、尋ね出だし、関ヶ原と云う所に張付に懸けさせられ、年来の御無念を散じられ訖《おわ》んぬ」

著者の太田牛一《ぎゆういち》は「年来の御無念を散じられ訖んぬ」と憐憫《れんびん》の情もなく当然の行為の如くに書いている。これが当時の武将の感覚だったのだ。

この例こそ戦国大名が歴史に学んでいたことを示す好例といえる。琵琶法師の語る『平家物語』に学んだのだ。『平家物語』は平清盛の栄華が彼一代で終わり、彼の死後に平家一門が滅亡した悲劇を描く。その悲劇の原因は清盛が滅ぼした源義朝《よしとも》の幼い男児、頼朝《よりとも》・義経《よしつね》たちの命を救ったことにあった。

清盛が頼朝の挙兵を知り、言った言葉が彼の思いをよく表している。

「頼朝は故池禅尼《いけのぜんに》（清盛の継母）があまりに嘆き、頼朝の命を助けて欲しいと願ったからこそ、死罪を流罪《るざい》に減刑したのだ。しかるに、その恩をすっかり忘れ、平家に弓を向けるとはなんたることか。神仏も許すはずがなかろう。頼朝は、今すぐにでも天罰を被《こうむ》るに違いない」

さらに、清盛が死の床で言った言葉が次のものである。

「ただ心残りは、伊豆の国の流人《るにん》、前《さき》の兵衛佐《ひようえのすけ》頼朝の頸《くび》を見られぬことだ。我が命が果てた後は、堂塔を建て、供養をする必要はない。すぐに討手《うって》を差し向け、頼朝の首を刎《は》ねて、我が墓前に供えよ。それこそ良き供養というものぞ」

しかし、清盛がこの期《ご》に及んでいくら怒り、悔やんでみても遅い。清盛が子孫のためになすべきことは義朝の男児をあのときにすべて殺しておくことだった。それが子孫のために清盛が果たすべき責任だった。正に後悔先に立たず、という教訓である。『韓非子』の「迹を削りて根を遺すことなかれ。禍と隣することなければ禍すなわち存せず」に従うべきだったのだ。この教訓は戦国武将には身に染みていた。「清盛の轍を踏むな」が戦国武将の合言葉だったと思ってよいであろう。

前田利家が子の利長に宛てた遺言状に家臣一人一人の評が書かれている。その中に「片山伊賀は、大きなことをしたいと思っている人間なので、もしものときには謀反を起こすかもしれない。言葉にも気をつかって、油断のないように。徳山五兵衛は、いろいろ他所とつながって、大名たちとも知り合いになっているようだ。私が生きている間はおとなしくしていたが、機会をうかがっているようなので、私が死んだらきっと裏切るだろう。きちんと仕置きするように」(『越登賀三州志《えつとがさんしゅうし》』)と書かれている。皆、子の代の安全が心配だったのだ。

おそらく中国史に精通していた戦国武将は始皇帝一代で滅びた秦とその後に天下統一して四百年続いた漢を対比してみていたであろう。両者の違いは何であったのかと。秦は始皇帝が重用した趙高《ちょうこう》が始皇帝の死後にその子の扶蘇《ふそ》、胡亥《こがい》を次々に殺して滅亡へと導いた。漢は劉邦が楚の項羽を倒して皇帝高祖になると、功績のあった有力武将の韓《かん》信《しん》、彭越《ほうえつ》、英布《えいふ》を粛清した。『韓非子』にも「ずるい兎がすべて狩られれば猟犬が煮て食べられる。同じように敵国が滅びれば謀臣が殺される」と書かれている。非情ではあるが、子孫の安全のためには自分の死後に謀反を起こしそうな危険な家臣を自分の目の黒いうちに処分しておかねばならない。これが天下人の果たすべき責務だったということだ。

家臣が書き記した残虐行為

信長が残虐な行為を行ったことはよく知られている。その中には羽柴秀吉が家臣に書かせた宣伝書『惟任退治記《これとうたいじき》』や『甫庵信長記』のような軍記物が膨らませた創作話もある。信長は残虐な性格という印象が振りまかれたので、そう思い込んでいる人も多いと思われる。『惟任退治記』は本能寺で死を前にした信長が夜をともにした女性たちを「悉《ことごと》く、皆、指し殺《さ》し」たと書き、『甫庵信長記』は家康饗応の席での能が不出来だった梅若大夫の首を刎ねたかの如くに書いている。

創作された話を取り去って、その実像を信憑性ある史料から確認してみよう。まず、『信長公記』に書かれている残虐とされる行為の記事を総ざらいしてみる。信長ファンの読者にはあまり気の進まないことであろうが、歴史に学ぶためには史実を直視しなければならない。

元亀二年九月　　比叡山焼討

根本中堂、山王二十一社をはじめとして比叡山の悉くを焼き払い、僧俗・児童・智者・上人、美女・小童などの首を討ち、数千の屍《しかばね》が散らばった。

天正二年九月　　長島一向一揆せん滅

五ヵ所の城に立て籠もった一揆勢を兵糧攻めにした。大鳥居城から夜中に脱出を図った男女千人ほどを切り捨てた。篠橋城に立て籠もった者は信長に加担すると固く誓ったので長島へ追いやった。長島中の無数の人が立て籠もってから三ヵ月たち、過半は飢え死《じに》し、残りは詫び言を言って長島から退去した。たくさんの舟に乗り込んだ人々へ鉄砲を撃ち、際限なく川へ切り捨てた。一揆勢八百人ばかりは切りかかり、ちりぢりになって逃げて大坂の本願寺へ逃げ込んだ。中江城、屋長島城に残った男女二万ばかりは四方から火を付けて焼き殺した。

天正三年八月　越前一向一揆せん滅

山々へ逃げ込んだ一揆勢を「男女の区別なく切り捨てよ」と命じ、あちこちから搦め捕った一万二千二百五十人余を小姓衆に命じて殺した。その他、捕虜にして連れ帰った男女は数知れず、生け捕りと殺害合わせて三、四万にも及んだ。

天正五年八月　松永久秀人質の男児処刑

松永久秀が謀反を起こした際、人質として預けられていた十二、十三の孫二人を六条河原で処刑した。

天正七年十二月　荒木村重一族郎党の処刑

前年謀反を起こした荒木村重が立て籠もっていた伊丹城から脱出した。伊丹城に残された者たちは降伏し、重臣たちは尼崎城・花隈城を明け渡すよう村重を説得するため尼崎城へ向かった。伊丹城には村重の一族郎党の妻子が人質として残されたが、村重が説得に応じる気配がないので、信長は怒って人質成敗の指示をこまごま行った。まず、身分の高い家臣の妻女百二十二人を尼崎に近い七松で磔《はりつけ》にした。次に、この他の女三百八十八人、男百二十四人を家四軒に押し込めて焼き殺した。そして、最後に村重の一族を車三両に子供ともども七、八人ずつ乗せて京都市中引き回しの上、六条河原で斬首した。

天正九年四月　留守中外出した女房たちの成敗

信長が琵琶湖の竹生島《ちくぶ》へ参詣に出かけた留守に、遊び怠けていた女房たちを縛り上げ、桑実寺へは使いをやって遊びに行っている女房たちを出頭させるように命じた。寺の長老が詫び言を言ったところ女房たちと一緒に長老も成敗した。

天正九年八月　高野聖の処刑

高野聖を尋ね探し、搦め捕って数百人を方々から召し集め、処刑した。

天正九年九月　伊賀惣国一揆せん滅

一揆勢が大和との国境の春日山へ逃亡したのを筒井順慶が山中に分け入って探索し、大将七十五人と、その他に数知れぬほどを切り捨てた。

なぜ残虐行為を行ったか

これらを読むとやはり残虐な行為である。ただし、行為としては残虐であるが、それ故に信長の性格が残虐だったとは言いきれない。これらの行為も「感情・性格」ではなく「知識・論理」によって決断しているはずだからだ。

『信長公記』を書いた太田牛一は信長の側近くに仕えた人物であり、もちろん信長に対する尊崇の念を抱いている。その人物が「泣き悲しむ有様は、目も当てられぬ次第なり」としながらも、そのような光景を隠さずに書いたということはこれらの行為が非難されるべき悪事とは考えていなかったのであろう。戦国の世の常識では、それなりに妥当な理由があると彼は判断していたに違いない。信長から言わせれば、いずれも相手の約束違反があり、それ故に成敗したという論理になるのだ。

まず、比叡山焼討は『信長公記』に次のように書かれている。「前年に、信長は比叡山の僧衆を呼び寄せ、信長に味方するなら分領国中にある山門領を還付しようと誓い、さらに朱印状を与えて、出家の身として一方のみ贔屓《ひいき》できないというなら、どちらにも味方しないようにと申し入れた。そして、もし両条とも受け入れないなら、根本中堂・山王二十一社をはじめとして悉く焼き払うと申し入れた」。信長からすればこの公約通りに焼き払ったということだ。

長島一向一揆、越前一向一揆、伊賀惣国一揆に対する「根切り」と呼ばれるせん滅戦は極めて苛酷なものであった。以前は比叡山焼討も含めて、信長の仏教弾圧とみる向きもあったが、近年は一揆という軍事組織との戦争と理解されている。そこには正規軍ではない一揆との戦いという特殊性がある。正規軍は主君の命令で敵対するのであって、主君を倒せば兵は味方に取り込むことができる。孫子の兵法でいう「戦わずして勝つ」の狙いは正にここにある。単に敵を倒すだけでなく、その兵力を取り込んで味方の兵力を増やすのである。

ところが、一揆は村単位などの集団が構成員の信仰心や信念で行動するため、この仕組みが働かない。敵対した場合にはせん滅するしかないという論理となる。加えて、長島一向一揆には二度、伊賀惣国一揆には一度、手痛い敗北を喫した経緯がある。越前一向一揆には朝倉氏を倒して手に入れた越前一国を奪われている。信長としては許すことのできない敵だったのだ。

松永久秀人質の男児処刑は戦国時代には当たり前の論理である。人質は謀反を起こさない証として差し出すものであるので、違約して謀反を起こしたのだから処刑は当然ということになる。処刑しなければ人質の効果がなく、他にも謀反を起こす者が出てきてしまうのだ。『韓非子』の説く「重い刑を与えるのは罪を犯した本人を罰すためではない。罪を犯そうと思う者をなくすためだ」という予防刑である。

荒木村重一族郎党の処刑は極めて残虐な行為であるが、村重の重臣たちが信長に約束した村重説得が実現しない以上、約束違反であり人質として預け置かれた者を処刑するのは信長からすれば当然のことになる。三回に分けて処刑したのは村重の翻意をその都度促す効果を狙ったからであろう。

留守中外出した女房たちの成敗については、「成敗」という言葉は一般的には必ずしも死罪を意味しないのであるが、『信長公記』では死罪の意味で使われているようである。留守中にも仕事に励むようにきつく命令されていたとしても、この程度のことで死罪は厳しすぎると現代人は考える。罪の重さに適した罰を与える応報刑が現代の常識だからだ。『韓非子』にはその考えがなく、予防刑としての厳罰主義なので死罪もあり得るのだ。

高野聖の処刑については『信長公記』に理由が書かれている。「荒木村重の残党を高野山に匿っていたので、その内の一、二人を召し出すべく朱印状にて命じたところ、返事がなく、送った使者十人ばかりを討ち殺した。高野山は信長に勘気《かんき》を蒙った者を毎度匿い、無礼につきこのような処置をした」。つまり、『韓非子』の説く厳罰の適用である。

イエズス会宣教師のルイス・フロイスは一件だけ『日本史』に書いている。「ところでかつて建築作業を行っていた間に、一兵士が戯れに一貴婦人の顔を見ようとして、その被り物を少し上げたことがあった時、信長はたまたまそれを目撃し、ただちに一同の面前で手ずからそこで彼の首を刎ねた」。永禄十二年（一五六九）の二条御所の建築現場での出来事である。

現代人であればこの件も、なぜこの程度のことで首を刎ねるのかと疑問を感じる。その疑問の答になりそうなことをフロイスは次のように文章を続けて書いている。

「この建築の際、きわめて驚くべきことは、彼が信じることができぬほど短期間にそれを成就したことである。すなわち少なくとも二、三年はかかると思われたものを、彼はほとんどすべてを七十日間で完成した」

この年の一月に足利義昭の宿舎の本圀寺《ほんこくじ》が三好三人衆らに襲われるという事件があった。明智光秀らの活躍で守ることができたが、将軍義輝が同じ三好三人衆らに襲撃されて殺された事件の二の舞になるところだった。そのため、信長は急いで義昭の御所を二条に作った。『信長公記』には尾張・美濃・近江・伊勢・三河・山城・大和・河内・和泉・摂津・若狭・丹後・丹波・播磨の十四ヵ国の武将を上洛させて、大工事を行ったことが書かれている。現場には迅速な工事が命じられ、手を抜くことや騒動を起こすことを禁じていたのであろう。それに反する行為を厳しく処分することが見せしめの意味でも要求されたのだ。ここでも『韓非子』の予防刑としての厳罰主義の実践がある。

この姿勢が戦国武将の一般的なものであったかというと、やはり信長が際立っていたようである。駿河守護となって今川氏の基礎を築いた今川了俊《りょうしゅん》の『今川了俊制詞《せいし》』にはやはり信賞必罰を重んじながらも、儒家の思想に立った次のような言葉がある。

「国を治めるにあたっては、仁、義、礼、智のうち、ひとつでも欠けてはならない。法と道理に基づいて処罰を行うならば、人の恨みを受けることはないが、道理にはずれたやり方で死刑に処したならば、深い恨みを受けるであろう。そのようなことがあれば、因果の道理による報いを逃れることができない」

了俊からすれば、信長の「厳罰」は道理にはずれたやり方ということになる。信長が「深い恨みを受け」たであろうことは想像に難くない。

なぜ家臣に叛かれたか

松永久秀は天正二年（一五七四）以来信長に服属していたが、天正五年（一五七七）に毛利氏や石山本願寺などの反信長勢力と呼応して本願寺攻めから離脱して大和信貴山《しぎさん》城に立て籠もった。荒木村重は天正元年（一五七三）以来信長に服属していたが、天正六年（一五七八）にやはり毛利氏や石山本願寺と呼応して播磨三木城攻めから離脱して有岡《ありおか》城に立て籠もった。なぜ、彼らは信長に対して謀反を起こしたのであろうか。

池上裕子著『織田信長』には信長が重用した家臣は尾張出身の譜代家臣が圧倒的に多いと書かれている。確かに尾張出身者は佐久間信盛、丹羽長秀、羽柴秀吉ら十七人が大名に登用されている。美濃出身者は金森長近ら三人、その他は明智光秀、荒木村重、松永久秀、細川藤孝、筒井順慶、滝川一益《かずます》、穴山梅雪《あなやまばいせつ》、木曽義昌の八人である。

謀反を起こした家臣に注目してみると、その他八人中の梅雪と義昌の臣従期間はわずかに過ぎないので除外するならば六人の内の半数の光秀・村重・久秀が謀反を起こしている。光秀が謀反を起こした際に藤孝、順慶が光秀に加担していれば五人ということになる。滝川一益以外の全員である。一方で、尾張・美濃の出身者に謀反を起こした者はいない。極めて極端な違いである。

ここに『韓非子』の説くドライな主従関係と『論語』の説く「仁・義・礼・智・信」に基づく主従関係の並立がみられる。実力を買って新規採用した外様の家臣とは『韓非子』、父祖の代から仕える譜代の家臣とは『論語』の関係である。信長には『韓非子』的要素が強かったが、一方で安土城天主の障壁画にもみられるように中国の古代の名君や孔子に対する尊崇の念も抱いていた。決して、『韓非子』一辺倒ということではなかったのだ。

信長は適材適所で「家臣の長所を生かしてやれば、能力を発揮して忠義を尽くしてくれる」（『韓非子』）と考えて外様の家臣を活用したのであろうが、実態は「主君は自分の計算で家臣を抱え、家臣は自分の計算で主君に仕える。君臣の交は計なり」（『韓非子』）だったのであろう。信長はそのような家臣に頼る危険は重々承知していた。尾張出身者の大名が圧倒的に多いことがそれを物語っている。ドライな家臣はドライに対処し、いずれは「ずるい兎がすべて狩られれば猟犬が煮て食べられる。同じように敵国が滅びれば謀臣が殺される」（『韓非子』）と考えていたのではなかろうか。謀反を起こした三人も信長がそのような考えを抱いていることに気付いていたであろう。

信長としては「明君は家臣が叛かないことに頼るのではなく、叛けないように手を打つものだ」（『韓非子』）と考えて、彼らを遠方へ移封する考えであったろうことは想像がつく。尾張・美濃出身者以外では最も早い天文年間（一五三二〜五五）から信長に仕えていた滝川一益は武田氏を滅ぼした後に関東の上野厩橋《こうずけまやばし》へ移封されている。信長は信頼して近国に置く尾張出身の家臣、不安を感じて遠国に置く家臣、危険を感じていずれは処分する家臣、といった区分を考えていたのではなかろうか。

久秀も村重もそのような信長の考えを察知し、先々の危険を回避する必要性を感じていた。そこへ毛利氏からの誘いがあった。どちらに付くべきかを熟考した末の決断が信長からの離反の選択だったのだろう。信長にはあって毛利氏にないと彼らが感じ取ったものが、家臣に対するあまりにもドライな処遇だったのではなかろうか。

毛利元就《もとなり》は安芸国の一国人から身を興し、主家大内氏を滅ぼした陶《すえ》氏を討ち、その後、中国地方一帯に支配を広げた。その過程でやはり謀略と殺戮を繰り返したことは信長と変わらない。元就自身が息子隆元・元春・隆景の三人に宛てた『三子教訓状』の中で「自分は想像以上に多数の人命を奪ったので、この因果の酬いは必ずあると心密かに悲しく思っている」と書いている。この教訓状に添えられた嫡男隆元宛書状には「毛利氏をよかれと思っている者は他国はもちろん安芸国内にも一人もいない」とも書いている。

そのことを自認した上で元就は『三子教訓状』に「それ故、各々方も十分にこのことを考慮して慎重に振る舞うことが肝要である」と書いている。永禄十年（一五六七）、元就は病気治療のため京都から招いた名医曲直瀬《まなせ》道三に政道への心得を求めた。これに対して道三は儒家の思想に則り九ヵ条の心得を元就・輝元（隆元嫡男）・元春・隆景らに宛てて書いた。その中で「毛利氏は武威が天下無双であるが国を保つためには徳治が大事である」と説いている。こうして毛利氏には儒家の思想も浸透していったのだ。

このように戦国武将の誰しもが韓非子的な思想と儒家的思想を併せ持っていて、場面場面に応じて、どちらかがより強く表れていたと考えるべきだ。韓非子的なものが極端に強く表れたのが織田信長だったのだ。それ故にこそ、信長が覇道を勝ち残っていけたのである。

韓非子の思想に徹して儒家を弾圧した秦の始皇帝。その死後に重臣の手によって始皇帝の子は殺され秦は滅びた。一方で、秦の後に漢の国を建てた劉邦（高祖）は韓非子の思想を捨てて、儒学を採用し四百年続く国の礎を築いた。安土城天主の最上層の襖絵を見ると、信長も劉邦を見倣って、天下統一後は儒学を採用するつもりだったように見える。

第四章　解明された天下統一への道

信長の生き残り戦

信長の事績を年表にして付録一に記載した。これを眺めてみると、明確な目標と達成期限を定めて、その実現に向かっての中長期及び年度の計画を立てて推進してきた企業活動の実績表を見る思いがする。中核的な活動はもちろん戦であるが、それだけでなく同盟政策、経済政策、幕府・朝廷政策など多面的・総合的に様々な活動を行って、休むことなく目標に向かって進んでいるようにみえる。

達成しようとした目標によって時期を区切ると、尾張統一戦期、上洛戦期、中日本統一戦期、天下統一戦期と分けられる。「中日本」とは将軍が直接統治を行った京都周辺の五畿内（山城・大和・河内・和泉・摂津）に信長が領国とした尾張・美濃・近江・伊勢・越前・若狭を加えた範囲を指す本書での造語である。正に日本列島の中央部を南北に貫く地域を指している。信長はこのような段階を踏んで自己が勝ち残らねばならない生存圏、いわば信長にとってのその時々の「天下」を拡大していったと考えることができる。

尾張統一戦期

十九歳、天文二十一年（一五五二）に父親の死に伴って家督を相続してから、二十六歳、永禄二年（一五五九）三月に岩倉城を攻めて、岩倉守護代織田家を追放するまでの七年間。信長は直面する尾張国内の敵を倒さねば自分が滅びるという切迫した戦いを強いられていた。

上洛戦期

三十五歳、永禄十一年（一五六八）に足利義昭に供奉して上洛するまでの九年間。信長は自らの領国拡大の戦い（私戦）に正当性を得るために足利将軍の復権、つまり上洛の戦いを進めた。

中日本統一戦期

四十歳、天正元年（一五七三）に浅井・朝倉を滅ぼし、足利義昭を追放して三好義継を討つまでの五年間。信長は中日本の統一を目指し、足利将軍の権威を利用して五畿内の安定と領国拡大を図る戦いを展開した。

天下統一戦期

四十九歳、天正十年（一五八二）六月に本能寺の変で倒れるまでの九年間。信長は自分の領国となった中日本内外の敵と戦い、さらに敵が拡大するのに合わせて天下統

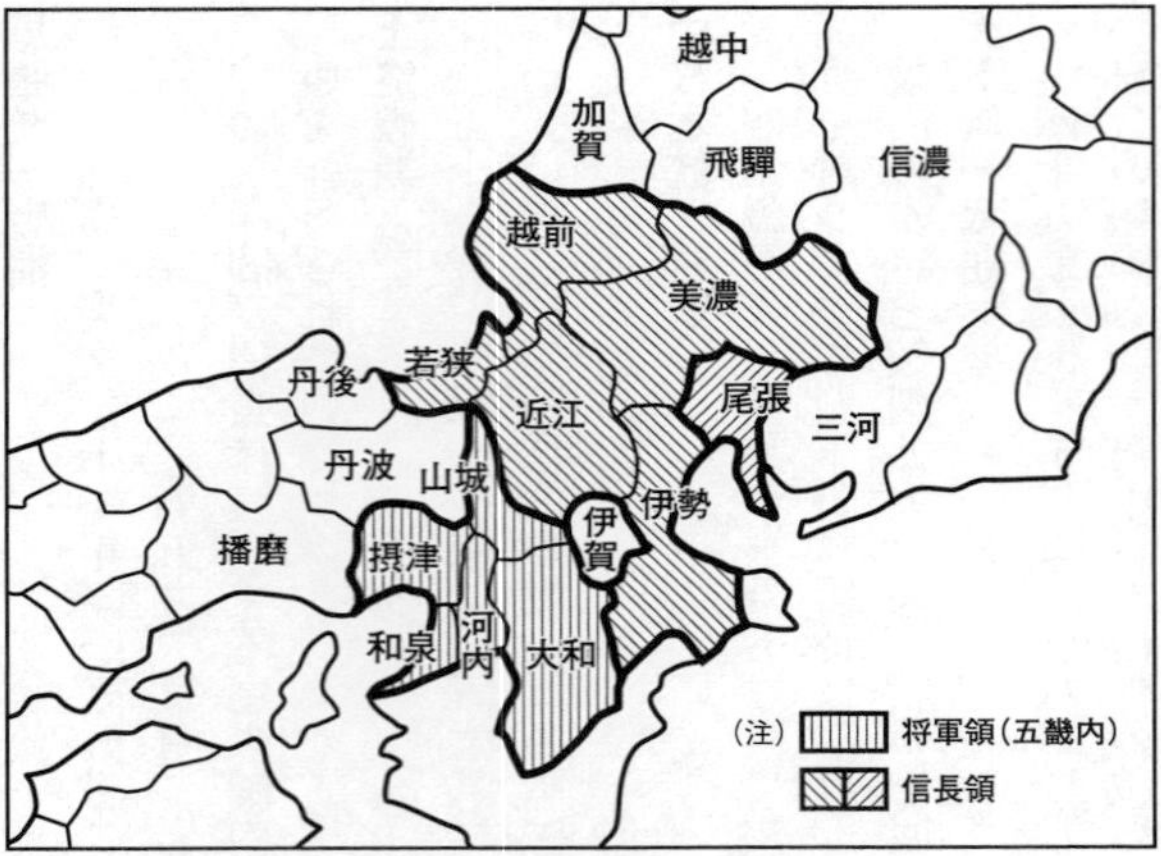

中日本の範囲

一への戦いを拡大していった。

いずれも「戦期」と名付けざるを得ないほど、家督を継いで以来、信長は戦いの連続であった。それは彼一代のことではなく父親の代からであるので、生まれて以来、物心つく以前から一生涯が戦いの連続だったと言っても過言ではない。正に厳しい生き残り戦を強いられた戦国の申し子と言ってよいであろう。その生涯を信長は生存合理性を徹底的に追求して勝ち抜いていったとみることができる。

ただし、信長が見境もなく常に戦争をしかけていたわけではない。和戦両様を使い分けている。武田信繁《のぶしげ》が家訓の中で最も多く引用している兵法書『三略《さんりゃく》』にも敵軍の性格、すなわち結局は和睦すべき「和敵」、完全に粉砕すべき「破敵」、破って従えるべき「随敵」によって軍の配備を変えることが説かれている。信長もその時々の和敵・破敵・随敵を見極めながら戦っていたのだ。

それでは、「信長脳」を駆使して信長が何を考えて決断・行動していったのかを追ってみよう。おそらく従来の解釈とは違うものがみえてくるのではなかろうか。

信長の求めた「偲び草」

『信長公記《しんちょうこうき》』には尾張を統一した頃の信長を語る興味深いエピソードが書かれている。天沢《てんたく》という清須城に程近い寺の住職が甲斐へ行って武田信玄に挨拶をしたときの話である。信玄は尾張統一を果たした若い武将の出現に注目していたのであろう。天沢が清須から来たと聞いて、「信長の形儀をありのまま残らず物語り候《そうら》え」と要求した。天沢がそこで天沢が説明したのは、弓・鉄砲・兵法の稽古に励み、鷹狩もしばしば行うという話だ。

信玄は「その他に趣味は何かあるのか」と聞き、天沢が「舞と小唄が趣味です」と答えるとさらに、「幸若舞の師匠が来るのか」と聞き返した。これに対して天沢は「清須の町人で友閑という者をしばしば召し寄せて舞います。敦盛だけしか舞いません。『人間《じん》五十年、下天《げてん》の内をくらぶれば、夢幻《ゆめまぼろし》の如くなり』、これを唄って舞います。また、小唄も好んで唄います」と答えた。小唄と聞いて信玄は興味を引かれたようで「変わったものが好きなのだな。それはどのような唄か」とさらに問いかけた。『死のふは一定《いちじょう》、偲《しの》び草には何をしよぞ、一定語り起こすよの』、これでございます」と答えると「ちょっとその真似をしてくれ」と要求した。「出家の身なので唄ったこともなくできかねる」と断ったものの是非にと言われて天沢はしぶしぶ真似をしてみせた。

天沢の言葉からは信長が二つの唄だけに異常にこだわっていたことがわかる。ひとつは幸若舞の敦盛の「人間五十年、下天の内をくらぶれば、夢幻の如くなり、ひとたび生を得て、滅せぬ者のあるべきか（人の世の五十年の歳月は、下天の一日にしかあたらない。夢幻のようにはかないものだ。生まれたものはいずれ必ず死ぬものだ）」であり、もうひとつが小唄の「死のふは一定、偲び草には何をしよぞ、一定語り起こすよの（誰でも死ぬと定まっている。自分を偲んでもらうものとして何を遺そうか。後世の人々はきっと語り起こしてくれるだろう）」だ。

自分がこの世に生きていられる時間は限られている。だからこそ自分の生きた証をこの世に残すぞ、という決意を込めて信長は繰り返し同じ唄ばかりを唄ったのだ。後世に名を遺すことに強い執着を持っていたことが感じられる。そのためもあろうか、『信長公記』の中には信長の「天下の面目」という言葉がしばしば出てくる。世間の評判を絶えず気にかけていたことが見て取れる。

自分が生きた証に何かを残したいという思いは人間誰にでもあるに違いない。そして多くの人にとっては、その偲び草とは実にささやかなものであろう。ところが、戦国の世に生まれた信長の偲び草はそれでは済まなかった。まず尾張統一であり、その見込みが立てば、次は中日本統一であり、さらには天下統一であり、と次々と拡大を遂げていった。その段階ごとに新たな敵対者が存在し、それに打ち勝たねば生き残れないという思いと新たな偲び草を求める思いが信長を駆り立てていったのだ。

尾張統一作戦

信長が何を考えて尾張統一戦を戦ったのかをみてみよう。

信長が家督を継いだ時点では美濃の斎藤道三とは同盟を結んでいたものの、今川氏・松平氏とは抗争状態が続き、また清須守護代とも微妙な関係にあった。案の定、信長が家督を継いだ途端に鳴海《なるみ》城主山口教継《のりつぐ》が今川へ寝返り、鳴海城・沓掛《くつかけ》城・大高《おおだか》城が乗っ取られ、今川氏の尾張南部への侵入を許した。さらに、清須守護代家老坂井大膳が信長に敵対して挙兵した。

このように、十九歳の信長にとっては、直面する敵対者を潰さなければ、こちらが潰されるという切迫した状態での船出だった。生き残るためには目前の敵対者に打ち勝たねばならない。まず直面していたのが国内の同族、清須守護代織田信友であり、その次に実弟の信勝、さらにその先には今川氏だった。

翌年の天文二十二年（一五五三）七月、清須守護代家老の坂井大膳らが守護斯波《しば》義統《よしむね》を討ち、清須城を乗っ取る事件が発生した。義統の子義銀《よしかね》が川狩に出ていた隙の事件で、義銀は直ちに信長に庇護を求めた。この行動をみると義統が討たれた背景には信長の義統を抱き込むような動きがあったのであろう。

翌天文二十三年（一五五四）四月、信長は叔父の信光と組んで守護代信友を討ち、清須城を乗っ取った。『信長公記』には尾張下四郡を信長と信光で半々に分ける密約を結び、信光が清須城に乗り込んで信友を切腹させて清須城を信長に引き渡し、自分は那古《なご》野城《や》へ移ったと記している。

その信光が半年後に家臣に殺されて信長は下四郡をすべて手に入れた。『信長公記』には「併《しか》しながら、上総介《かずさのすけ》（信長）殿政道御果報の故なり」と書かれている。「信長は幸運だ」ということだ。清須守護代家老が斯波義統を討つという「偶然・幸運」に続いて、その清須守護代を討ってくれた叔父信光までもが横死するという「偶然・幸運」に恵まれたのである。当然、裏には信長の「必然・必勝」があったものと想像するが、それを裏付ける史料は今のところ確認できない。

しかし、「偶然・幸運」はいつまでも続かない。翌々年の弘治二年（一五五六）四月に、今度は信長の後ろ盾となって支えていた美濃の斎藤道三が息子の義龍《よしたつ》に討たれるという事件が起きた。これを契機として義龍が尾張上四郡の岩倉守護代織田信賢《のぶかた》を抱き込んで信長に敵対した。さらに、信長の腹違いの兄信広も義龍と連携した動きを始めた。

この上四郡の岩倉守護代との戦いの前に下四郡の統治を固める上での障害が立ちはだかった。それが弟信勝である。道三が討たれた四ヵ月後、信勝を担ぐ林秀貞、その弟美作守《みまさかのかみ》、柴田勝家の軍勢と信長は稲生《いのう》で戦った。数時間の激戦の末に、信長が勝利し、美作守の首は信長が自ら討ち取った。

敵対した弟信勝や秀貞、勝家を許した信長であったが、再び信勝が謀反を企てている旨を勝家から告げられた永禄元年（一五五八）十一月、病気と偽って見舞いに来させた信勝を清須城で謀殺して決着を付けた。

翌永禄二年（一五五九）三月、岩倉城を攻め落として守護代信賢を追放した信長はようやく形の上では尾張一国を統一した。その後、今川義元らと謀って信長に敵対したとの理由で守護斯波義銀を追放した。一度は担いでその権威を利用した人物を追放した点では後の将軍足利義昭のケースと似ている。

こうして、父親も成し遂げられなかった尾張統一を二十六歳の青年武将信長がまっしぐらに成し遂げた。身近に同族の敵対者を抱えて、何もしないでいたら生き残れない、殺されるという戦国の現実に駆り立てられたのだ。勝ち抜かねば滅びる。それは自転車をこぎ続けねば倒れるのと同じだ。信長は生涯を通して、まるで自転車をこぎ続けるかの如くにその時々に直面する敵に勝ち抜き続けなければならなかった。信長は尾張を統一することによって、さしあたっての安全を確保したが、それはひとつのステージの終わりに過ぎず、次の新たなステージの始まりだった。

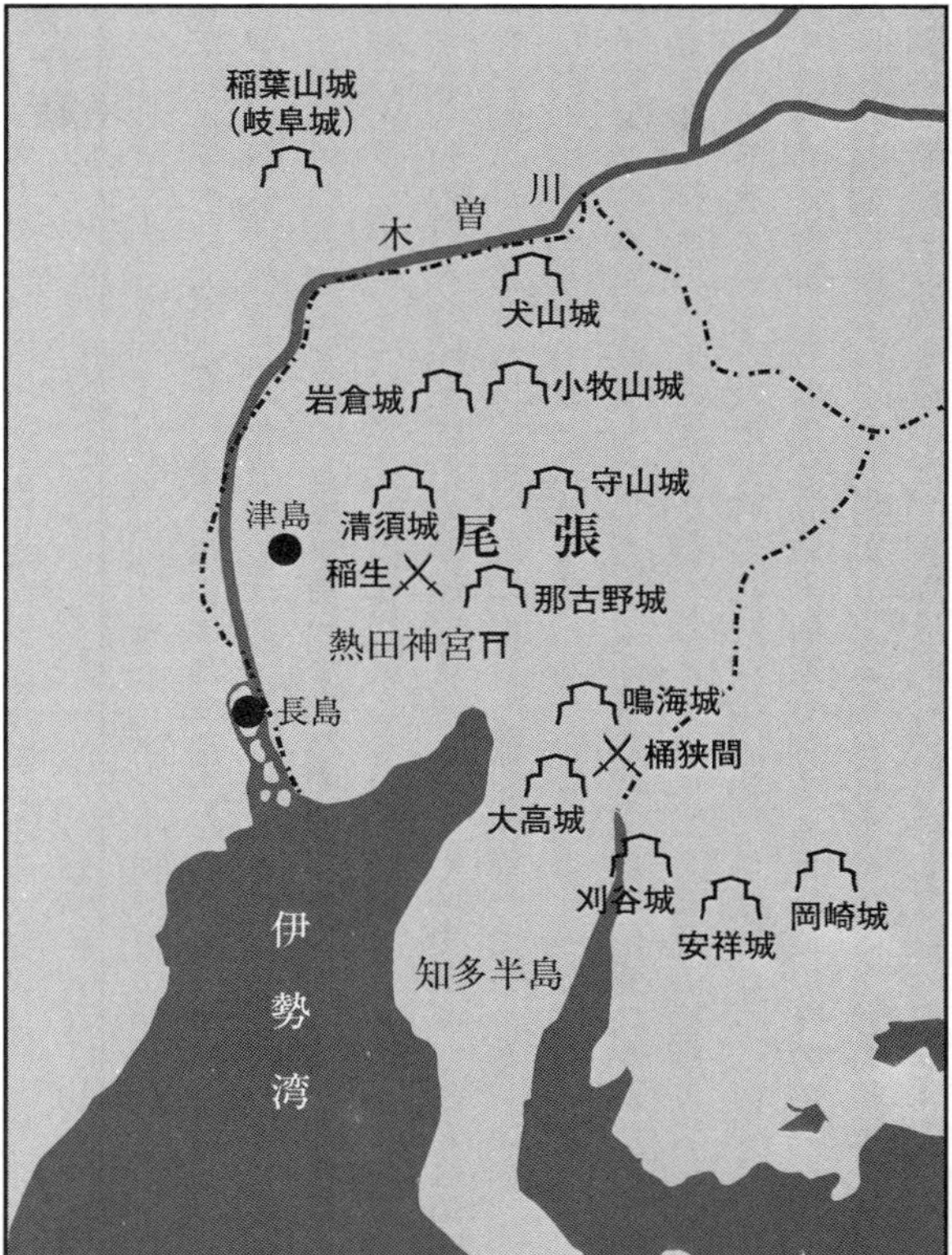
稲葉山城
(岐阜城)
木
曽
川
犬山城
岩倉城
小牧山城
守山城
津島
清須城
尾
張
稲生
那古野城
熱田神宮
長島
鳴海城
桶狭間
大高城
刈谷城
安祥城
岡崎城
伊
勢
湾
知多半島

尾張周辺地図

上洛作戦

信長が将軍を担いで上洛を目指したのはなぜだったのだろうか。どのような「必然・必勝」が彼の胸中にあったのかを見てみよう。

永禄二年三月に岩倉城を落とし尾張統一を果たす一ヵ月前、信長は上洛して時の将軍足利義輝に謁見している。尾張統一後を見据えての行動である。尾張を形の上では統一できそうなものの信長の尾張国内の体制はまだまだぜい弱であり、さらに隣国の今川義元、斎藤義龍に打ち勝たねば尾張一国の維持も難しい情勢であった。

この情勢の中で生き残るために選んだのが「将軍」という公的権威である。信長の私戦の後ろ盾に公的権威を活用したのだ。この発想は父親の信秀に学んだのであろう。信秀は内裏や伊勢神宮に多額の献金を行うことによって、朝廷の権威の活用を図った。信秀がその見返りをどのような形で得られたかは定かではないが、このような先を読んだ権威活用のための投資の必要性や価値を信長も教え込まれていたのであろう。

信長は足利義輝に接近し、足利将軍を支える立場を得て、自分の私戦を将軍のための公的な戦いに転化する策を探った。義輝は信長に上洛して自分を支えるように要請したであろうが、この時点ではその要請に応えられる状況ではないことは明らかだ。

信長の事績をみると常に自らの意思で先手先手と手を打っている。『韓非子《かんぴし》』に「微《び》を見て以って萌《ほう》を知り、端《たん》を見て以って末《すえ》を知る（かすかな徴候から物事の動きを察知し、わずかな手がかりから物事の顚末を予見する）」という言葉がある。兵法書の『戦国策』にも「愚者は成事《せいじ》に闇《くら》く、賢者は未萌《みほう》に見る（愚者は既に形がはっきり現れていることすら気が付かず、賢者はまだまったく徴候の現れていないことに気が付く）」という言葉がある。経営者に求められる才覚として経営書にも引用される言葉であるが、信長の先見性に通じる言葉である。

翌永禄三年（一五六〇）五月、今川義元が動いた。従来、義元は上洛を目指したとされてきたが、近年の研究では否定されている。尾張半国の守護はそもそも今川氏であったが、足利将軍の命令で斯波氏が尾張一国の守護とされた経緯があり、今川氏からみれば失地回復の戦いであったのだ。

信長はこの桶狭間《おけはざま》の戦いに勝利して目前の窮地を脱した。今川氏に服属して信長と戦った徳川家康は本拠の三河岡崎城に復帰を果たし、信長としばらく対峙《たいじ》することになるが、両者は一年後の永禄四年（一五六一）四月頃に同盟を結んだ。東からの脅威の無くなった信長にとって直面する敵は美濃の斎藤義龍だ。これ以降、美濃への侵攻に全力を挙げることになる。将軍の要請に応えて上洛することと京への通路にあたる美濃を攻略することとが見事に一致したのだ。

五月に斎藤義龍が病死し、まだ十四歳の子龍興《たつおき》が家督を相続するという千載一遇の機会が訪れた。信長は直ちに美濃へ侵攻し勝利を得たものの撤退せざるを得なくなる。ここから美濃攻略の戦い、すなわち上洛の戦いは長期化する。

信長は美濃攻略に狙いを定めて永禄六年（一五六三）七月、居城をより美濃に近い小牧山へ移した。さらに近江の浅井氏と連携を図って美濃の北側を固めにかかった。また、上杉謙信との連携を図り始める。謙信も上洛して将軍義輝に謁見し、将軍を支える姿勢を示していた。将軍の権威を利用して同盟者を増やしていく信長の戦略がみてとれる。

永禄七年（一五六四）十二月には足利義輝から御内書を与えられている。信長に上洛して三好勢に対抗してほしいという要請だったと思われる。ところが、三好勢は先手を打ったのか、翌八年（一五六五）五月に二条御所を襲撃して義輝を暗殺した。義輝の弟覚慶（後の足利義昭）は近江へ逃れ、将軍職を継ぐ決意を表明した。信長は三好勢の非道を正すという大義名分を得て、「麟《りん》」の花押にその思いを表明し、武田信玄とも同盟を結び、義昭を担いで上洛を図った。

永禄九年（一五六六）の上洛計画は斎藤氏に阻まれたものの、翌十年（一五六七）八月にようやく龍興の居城稲葉山城を攻略し美濃を手中に収めた。九月には浅井氏と正式に同盟を結び、天下布武印を使い始め、一年後の十一年（一五六八）九月に義昭に供奉して念願の上洛を果たした。

上洛直後に信長は副将軍もしくは管領への就任を義昭から要請されたが、それを辞退している（『信長公記』）。そもそも信長には足利将軍に仕えて、その家臣になる気はなかったのだ。信長の目的は上洛によって将軍の権威を復活させ、それを後ろ盾として自己の私戦を有利に展開することにあったからだ。

中日本統一作戦

続いて何を考えて上洛後の中日本統一戦期を戦ったのかをみてみよう。

近年の信長研究では義昭に供奉して上洛した際の信長の目指した「天下」とは京都を中心とした将軍の直轄領、すなわち五畿内（山城・大和・河内・和泉・摂津）であって、この時点ではいわゆる日本全国の意味での天下を目指していたわけではないとする論調が多い。確かに、当時の「天下」という語の用法には将軍の直轄している範囲を指す場合が多くみられる。また、信長自身もこの意味で「天下」という言葉を用いている。

しかし、果たして信長はこのように天下を限定して考えていたであろうか。そうではないという史実に直ちに思い当たる。信長は天下布武印を用い出してから上洛するまでの間に伊勢に侵攻して神戸《かんべ》氏や長野氏を降伏させている。さらに、上洛後も伊勢の北畠氏を屈服させて、その後、若狭・越前へ出兵して朝倉氏を攻めた。

伊勢・若狭・越前はいずれも五畿内には含まれない。そこを攻めることは明らかな信長の私戦である。信長は将軍の権威復活のための天下統一と同時に「自己の天下の統一」の戦いを並行して進めていたということだ。朝倉攻めの理由は、若狭武藤氏討伐に向かったところ裏で操っていたのが朝倉氏であると判明したためとか、朝倉義景が義昭の上洛命令に従わなかったためとされているが、こじ付けと言ってよいものだった。「朝倉氏を見捨てることはない」と書き置いて越前を去った将軍義昭にとっては不本意だったに違いない。

それでは、なぜ伊勢・若狭・越前を攻めたのだろうか。

それは織田弾正忠《だんじょうちゅう》家が伊勢湾海運の港町津島を領有して港町の重要性を知っていたからであろう。「一所懸命」に知行（土地）にすべてをかけた時代にあって、港町から得られる交易品や貨幣の価値に目覚めていたのだ。伊勢湾側の港を押さえるとともに日本海側の越前三国湊《みくにみなと》や若狭小浜《おばま》・敦賀《つるが》を押さえることによって、琵琶湖を経由して伊勢湾と日本海とを結ぶ海運を支配することができる。それが信長の狙いだったのだ。

三国湊には天文二十年（一五五一）に明《みん》船が入港した記録があり、朝倉氏の本拠一乗谷の遺跡からは明の青磁・白磁などが大量に出土している。小浜港には応永十五年（一四〇八）に東南アジアから将軍足利義持《よしもち》へ献上する象やオウムが陸揚げされた記録がある。越前・若狭は古くから国際的な交易の拠点となっていたのだ。

信長が副将軍や管領への就任を断る一方で、堺の支配権を得たのも同じ理由からだ。戦によって奪い取るしかない他者の領地の代わりに、入手しやすい交易品や貨幣を増やすことによって力を蓄えたのである。孫子が重視した「戦争に必要となる国力」を蓄えたのだ。

信長が上洛した翌年にイエズス会宣教師フロイスが布教許可の朱印状を信長から得た際の記録には僧侶・武将・商人らが信長の朱印状を得るために多額の金銀やどこで入手したのかわからない驚くほど多くの南蛮製品を贈与していると書かれている。信長の支配した中日本にはそれらが潤沢に流通していたのだ。

中国・朝鮮から渡来する茶器も信長は大いに活用した。茶人でもあった堺の商人にその価値を高めさせて、家臣への土地の不足を補完する恩賞としての役割を果たすようにしたのだ。信長の南蛮かぶれ、茶道趣味といわれるものの裏には信長の巧みな財政政策があったのだ。

越前については信長には別の狙いもあったとみられる。越前は織田家発祥の地であり、氏神とされる劔《つるぎ》神社もある。その地を信長が取り戻すことは、織田家の人々には間違いなく「偲び草」になる。

さて、これまでみてきたように将軍権威の復活を目指す義昭とそれを手段として活用しつつ自己の設定した中日本の統一を目指す信長は必然的にぶつかり合うようになる。両者の確執は上洛後一年半もたたずして、永禄十三年（一五七〇）正月、信長が義昭に対して五ヵ条の条書を承認させたことで顕在化した。

その第四条で天下の儀はすべて信長に任せられたのだから、誰であっても、将軍の意見を聞かずに信長の考えで成敗するとしている。「天下の儀」というと将軍の権限である統治権を信長に委任したように思えるが、幕府政務の権限を委任したという意味である。『信長公記』にはしばしば「天下の儀」や「天下の諸色」という言葉が出てくるが、その用例をみると幕府の訴訟処理業務を指している。

第五条では天下静謐になっているのだから将軍は天皇・朝廷のことがらを油断なく務めるべきとしている。将軍は天皇に任命された征夷大将軍として朝廷での役割を果たすのが本務と認識していたということだ。

信長と義昭の確執が次第に深まる中で、元亀三年（一五七二）十二月に三方ヶ原の戦いで信長・家康連合軍が武田信玄に敗れた。これを好機とみた義昭は信長に敵対して挙兵する意思を固めた。信長は義昭との妥協を図るが義昭が応じないため御所を包囲して上京を焼き払った。一旦は和睦に応じた義昭だが天正元年（一五七三）七月に宇治槙島《まきしま》城に立て籠もって挙兵した。信長は直ちに槙島城を攻め落とし、義昭を河内《かわち》若江城の三好義継のもとへ追放した。

こうした経緯をみると義昭との決裂は信長が望んだものではなかったことがわかる。信長は足利将軍の権威を後ろ盾として活用していたかったのだ。追放後には義昭の求めに応じて義昭帰洛の交渉が九月から始まった。この交渉は義昭が信長の子を人質に要求したため十二月に決裂した。以後、義昭が足利将軍として京都に戻ることはなかった。

なぜ改暦にこだわったか

直面する敵となった足利義昭を追放して将軍権威の後ろ盾を失った信長であったが、

義昭追放の翌月には浅井・朝倉を滅ぼして中日本統一に成功した。直面する敵との戦いを制して尾張統一、上洛というステージを上ってきた信長がさらに一段高いステージに上ったのである。

しかし、これで敵がいなくなったわけではなかった。中日本内にも石山本願寺、長島一向一揆という敵が存在したし、翌年には越前一向一揆が蜂起し越前一国を奪われ、中日本の一角が失われる事態に立ち至っている。また、中日本を外部から脅かす存在として、元亀二年（一五七一）から敵対を始め、信玄死すとも強大な勢力を保つ武田氏との戦いを継続しなければならなかった。

本願寺とは一旦和睦するもののその後再び敵対し、さらに、追放された足利義昭に呼応した毛利氏・上杉氏も敵陣営に加わった。こうして中日本を内外から脅かす敵と信長は否応なく戦わざるを得なかった。これに勝ち抜かねば滅びる。勝ち抜けば天下を手に入れることができる。信長はこうして新たなステージに立った。

信長は義昭追放の翌年、朝廷から従五位下に叙任され、昇殿を許されるようになった。将軍に代わって自らが直接朝廷と対応する必要に迫られたからである。これ以後、朝廷は信長の援助を頼り、信長は朝廷の権威を活用するという相互利用の関係ができあがる。足利幕府の権威を利用できなくなった信長には朝廷の権威が不可欠なものだったのだ。

当時の朝廷は貧窮にあえいでいた。収入源であった荘園は戦乱にまぎれて在地の武将などに簒奪され、収入が得られなくなっていたからだ。後柏原天皇が在位のまま六十三歳で没して後奈良天皇が即位しても即位式が十年間できないほどだった。後奈良天皇がやはり在位のまま六十二歳で没して即位したのが正親町《おおぎまち》天皇だ。高齢の天皇が在位のまま連続して亡くなっているのは、やはり貧窮のためだ。天皇が跡継ぎに位を譲って上皇となり院政を行いたくても、そのための儀式や院の御所の造営ができないという状態が続いていた。

当時、既に五十代に達していた正親町天皇は譲位を望んでいた。そのような朝廷に対して、信長は多額の献金を行ったり、御所の近くに公家の住居を建てたりして経済的に支えた。

公家の吉田兼見の日記には天正六年（一五七八）の正月に朝廷で節会《せちえ》を二十年ぶりに再開したことが書かれている。天皇や公家が一堂に会して正月の儀式を執り行う祭事ですら貧窮のために途絶えていたのだ。『信長公記』には信長が天皇を敬い奉り公卿《くぎょう》・殿《てん》上人《じょうびと》・諸役人に知行を与えたおかげで節会が復活できたと書かれている。

一方、信長は長年抗争を続けた石山本願寺と天正八年（一五八〇）に和睦を結び、大坂退去に持ち込むことに成功したが、その際に朝廷の仲介を利用している。また、天正十年（一五八二）の武田攻めにあたっては朝廷に武田勝頼を東夷《とうい》（朝敵）と認めさせたとみられ、このことが武田氏の急速な内部崩壊へと結びついた可能性がある。明治維新の際に徳川幕府を朝敵としたのと同じ心理的効果を生んだのであろう。そうであれば朝廷を利用した最大の成果だったといえる。

近年、朝廷黒幕説の裏付けとするために信長が朝廷を圧迫していたとする様々な説が唱えられた。たとえば、信長の意のままにならない正親町天皇に譲位を迫ったとする説などである。最近ではそれらの説はいずれも否定されている。その中でまだ信長の意図が定かになっていないと思われるのが「改暦問題」である。

天正十年一月、信長は朝廷に対して、この年の十二月のあとに閏月《うるうづき》を入れるように要請した（『晴豊記』）。この問題は信長が朝廷から暦を定める権限を剥奪《はくだつ》しようとするものとされてきた。当時の正式な暦は宣明暦《せんみようれき》といわれ、貞観《じようがん》四年（八六二）に朝鮮から導入され、その作成方法（暦法）によって毎年の暦が作られたが、暦の制作と頒布の権限は中国の例に倣って天皇のものであった。

ところが、室町時代になると地方で独自の暦が制作されて広く頒布されるようになった。暦の需要が高まるにつれて京都から地方へ暦を回送していたのでは需要を満たせなくなったためである。その代表例が伊豆三島神社が発行した三島暦であり、信濃・越後・相模・安房など広範囲に使用されたため、地方で頒布された暦の総称としても三島暦という言葉が使われたようである。

宣明暦には日食の予測が狂うなどの不備があったのだが、天正十年の暦は三島暦との間に大きな違いが生じていた。宣明暦では翌年の正月の次に閏正月があるのに対して、三島暦ではこの年の十二月の次に閏十二月があるのだ。信長が問題にしたのはこの点である。

信長は安土に作暦にかかわっている暦師を集めて議論させたが決着がつかず、公家の近衛《このえ》前久《さきひさ》に命じてあらためて京都に暦師を集めて議論させた。その結果、「当年には閏月はない」という結論となり、信長へ報告の使者が送られた（『晴豊記』）。

この問題はこれで収まったようにみえたが、再び信長が持ち出した。それが本能寺の変の前日、六月一日に公家たちが大挙して本能寺を訪問した際のことであった。信長は「当年に閏月があるべき」と発言したが、公家たちは口々に反論し、その場は収まった（『日々記』）。

この経緯をみると信長が高圧的に作暦の権限を朝廷から剝奪しようとしていたようにはみえない。信長がこだわったのはその年に閏月があるかないかの問題だけである。

信長はこの年、武田氏との決戦を予定していた。そのために木曽義昌の調略など切り崩しを進めていたが、強敵武田氏との戦いは長期化すると考えていたのであろう。もし、年内に片付かない場合には三島暦を用いる東国での戦いが混乱する。命令や報告を書いた書状に「正月（一月）」と表記された場合に一ヵ月の違いが生じるからだ。作戦の遂行に支障をきたす暦の問題を片付けておきたいと考えるのは当然である。

ところが、武田氏の崩壊が予想以上に早かった。信長自身が「かくの如くに三十日、四十日の際《きわ》に一偏に属すの事、我ながら驚き入るばかりに候」と書状（『織田信長文書の研究』所収「天正十年三月十七日付松井友閑宛書状」）に書くほどあっけない勝利に終わった。木曽義昌の寝返りを引き金として武田氏の内部崩壊が急速に進行したため、信長はとりあえず「正月問題」を重視する必要がなくなった。

しかし、武田氏が片付いたといっても東国での軍事行動がすべて片付いたわけではない。越後の上杉攻めは継続していて、柴田勝家の軍勢と東国へ進駐した織田軍との連携した作戦遂行も必要になるし、東国にあらたな戦いが起きるかもしれない。やはり「正月問題」は解決しておくに越したことはない。そう考えたのが六月一日の蒸し返しになったのであろう。

このように、この改暦の問題は信長の軍事的な合理性から生じたものと考えられる。

なぜ黒人奴隷を小姓にしたか

天文十八年（一五四九）、イエズス会宣教師フランシスコ・ザビエルが鹿児島に上陸してイエズス会の日本布教が始まった。ルイス・フロイスは永禄七年（一五六四）に京都での布教を足利義輝に許可されたが、翌年義輝が暗殺されると京都から追放されてしまった。このピンチを救ってくれたのが信長だ。足利義昭を担いで上洛した信長はフロイスの帰京と布教を認めた。フロイスは当初から信長の信任を得て、京都に教会を建てる許可を得るなど信長と親密な関係を築いた。イエズス会にとって信長ほどありがたい人物はいなかったのだ。

一方、信長はなぜイエズス会を庇護したのであろうか。

イエズス会の背後にあるポルトガルとの交易の利益を求めたことは間違いない。その中には武器・弾薬・硝石なども当然含まれている。それ以上に信長が期待したのはポルトガルなど西洋の圧倒的な科学や工業の力であろう。フロイスの『日本史』を読むと信長が機械仕掛けの時計に驚嘆したり、しばしば彼らに日本へ来た理由や航路をたずねて、遠くの国から危険を冒して来た勇気を褒めたりしている。当時の日本の技術水準からみれば何もかもが驚異だったに違いない。そのような国々から得られる実利は天下統一を進める信長にとって極めて魅力的なものにみえたはずだ。朝廷の権威にも勝るとも劣らない価値を感じていたであろう。

それゆえに信長は早くからイエズス会の本国であるポルトガルでの自分の評判を気にしていた。京都での布教許可の朱印状をフロイスが願い出たときに信長はフロイスからの贈り物を断っている。それを受け取ればポルトガルで自分に対する悪評が立つからだと言ったと『日本史』に書かれている。

天正六年（一五七八）、荒木村重が信長に謀反を起こしたとき、信長は村重に服属していた高山右近を寝返らせるためにイエズス会を利用した。高山右近は熱心なキリシタンであり、イエズス会と最も親しい日本人の一人だ。イエズス会にとっては信長からの依頼は「脅迫」であり、もし右近説得に失敗すればキリシタンが迫害されてイエズス会も追放される。危機感を抱いたイエズス会の説得が功を奏して右近を寝返らせることに成功し、村重の謀反は鎮圧された。このように信長は極めて大きな利益をイエズス会から得ていた。

興味深い話が黒人奴隷の小姓への採用である。天正九年（一五八一）二月、東アジア布教の責任者である巡察師ヴァリニャーノは信長に謁見するために宣教師フロイス、ロレンソなどを同行して船で堺へ向かった。この一行の中にアフリカ生まれの若い黒人奴隷がいた。堺から陸路で京都へ向かう彼らを見ようと大群衆が見物に集まった。群衆の関心は長身のヴァリニャーノとこの黒人奴隷に集まったようだ。

ロレンソの書簡には、安土で信長が初めてこの黒人に会ったときの様子が次のように書かれている。

「信長自身もこれを観て驚き、生来の黒人で、墨を塗ったものでないことを容易に信ぜず、度々これを観、少しく日本語を解したので、彼と話して飽くことなく、また彼が力強く、少しの芸ができたので、信長は大いに喜んでこれを庇護し、人を附けて市内を巡らせた。彼を殿《との》とするであろうと言う者もある」

太田牛一《ぎゅういち》はこの人物を『信長公記』にこう書いている。

「きりしたん国より黒坊主参り候。年の齢《よわい》二十六、七と見えたり。惣《そう》の身の黒き事、牛の如し。彼の男、健やかに、器量なり。しかも、強力《ごうりき》十の人に勝《すぐ》れたり」

家康家臣の松平家忠の書いた『家忠日記』にもこの人物の記載がある。天正十年（一五八二）四月、武田攻めからの帰路の途中、信長に茶を振る舞った際の記述にこの人物が登場する。

「黒男御つれ候、身は墨《すみ》の如く、丈は六尺二分、名は彌介《やすけ》と云う」

信長はこの人物を「彌介」と名付け、小姓として常に身近に置いていたようだ。六尺二分ということは百八十センチメートルを超える長身だ。おそらく当時の日本人から見れば雲を衝くような大男だ。信長は正に日本人離れした体格、体力、容姿を備えた天下一のボディーガードを手に入れた。牛一が書いたように「十人力以上」の最強のボディーガードである。これも信長の軍事的な合理性であった。そして、後にこれが本能寺の変で重要な意味を持ってくることになる。

ヴァリニャーノ一行が安土を離れる際に、信長はヴァリニャーノに安土城の風景を描いた屏風を贈った。本国に持ち帰って人々に見せてもらい、自分の事績を知らしめたかったのである。そのことがポルトガル人に信長という投資対象を魅力的に見せ、先々大きな見返りがあると読んでいたのだ。信長は常に先を見ていた。

なぜ佐久間信盛を追放したか

天正八年（一五八〇）、信長は長年敵対してきた石山本願寺と和睦した。明け渡された本願寺の寺院には八月二日に火がかけられて伽藍はひとつ残らず全焼した。その十日後、京から大坂に着いた信長は織田家譜代の重臣で本願寺攻めの大将を務めた佐久間信盛とその子信栄《のぶひで》を追放処分にした。これには信盛本人だけでなく、織田家中全体が驚愕したに違いない。その際に信長は自筆で十九条からなる折檻状を書いた。それが『信長公記』に書かれている。

第一条は佐久間父子が五年間在城して成果がなかったこと、第二条は相手が大敵とみて戦いもせず、調略も行わず、ただ降伏を待っているだけだったと折檻の主理由を述べている。

第三条は、明智光秀は丹波平定で天下の面目を施し、羽柴秀吉も数ヵ国平定して比類がない、池田恒興も小身でありながら摂津花熊（隈）城を落とし天下の覚えをとった。これらを見て発奮して一廉《ひとかど》の働きをすべきであった、第四条は柴田勝家は既に一ヵ国を平定していながら、これらを見てこの春に加賀を平定した、と他の武将の手柄と対比して折檻の主理由を補強している。

第五条は戦いもせず調略もしなかったのに五年間一度の相談もなかったこと、第六条では家臣からの注進の書状に連判を押しながら何も具申がなかったことを折檻理由に追加している。

第七条は七ヵ国に与力を付けていて、自分の軍勢を加えれば負けるはずがないにもかかわらず戦おうとしなかったこと、第八条から第十条は家臣の処遇に落ち度があったこと、第十一条は朝倉攻めの際に敵を追撃しなかったことを叱ったら反省もなく口答えをして信長の面目を潰したこと、第十二条から第十四条は息子信栄のふがいなさ、第十五条は信盛の与力や家臣の扱いが悪く信頼されていないこと、第十六条は信長に三十年奉公しているが比類なき働きといえるものがひとつもないこと、第十七条は三方ヶ原の戦いで家康援軍に赴きながら、身内で一人の討死した者も出さずに同僚の平手を見殺しにしたことと畳み掛けるように指摘し、ここをもって各条の通り無分別と言うしかないと言い切っている。

第十八条はどこかの敵を平定して恥をそそいでから帰参するか討死するかせよ、第十九条は父子揃って髪を剃り、高野山へ隠棲して年を重ねれば赦免もあろうか、とし、天下を治める信長に口答えするなど前代未聞であり、この二ヵ条を実行せよと迫っている。

『韓非子』の唱える信賞必罰そのものであり、十九条にわたる丁寧な折檻理由の説明も信長の評価基準を家臣へ知らしめる予防刑の効果を狙ったものであろう。『韓非子』にも「名君が家臣をかかえるには、法をもってし、守らせるように予防することだ。故に死刑も許すことなく、どんな刑も許してはならない」と説かれている。

ただし、どうも信賞必罰だけではなさそうに思えるのは信盛が織田家譜代の最大の重臣だったからだ。「信長に口答えするなど前代未聞」と書いているように信長に従順でない家臣をこの際、処分してしまえということであろう。『韓非子』のいう「その国を治めようとしたら必ず派閥は潰せ。潰さないとますます大きくなる」「明君は家臣が叛かないことに頼るのではなく、叛けないように手を打つ」ことを実践したのだ。

『武経七書』のひとつ『尉繚子《うつりょうし》』には「軍紀違反者に対する処罰は、将たる者の武威を発揚するための必要手段である。したがって、ただ一人を処刑することによって全軍が震え上がり軍紀が緊張するとみれば、ためらうことなく処刑すべきだ。処刑される人間は大物であればあるほど効果があがる」とある。譜代最大の重臣を処分することによって織田家中は震え上がったに違いない。

しかも信長は絶好のタイミングをとらえた。本願寺問題が片付いたというタイミングは正に『韓非子』のいう「ずるい兎がすべて狩られれば猟犬が煮て食べられる。同じように敵国が滅びれば謀臣が殺される」に絶好であり、家臣の気の緩みを引き締め直さねばならない機会でもあったのだ。

加えて、恩賞として家臣へ与える土地の捻出も大きな理由だったに違いない。家臣に割り当てる地位や領地が限られている以上、信長が真に必要とする有能な家臣を厚く処遇しようとすれば、その資源は誰かの分を没収して作らざるを得ない。その誰かが信盛であり、信盛に続いて追放された林秀貞、安藤守就《もりなり》、丹羽右近らであったということだ。

天正三年（一五七五）の越前一向一揆せん滅の後に柴田勝家らに越前を与えた信長は越前国掟《おきて》九ヵ条を定めた。その第八条に「二、三ヵ所給付しない土地を抱え置いて、これは忠節によって与える土地と知らしめておけ。武篇に励んでも恩賞の土地がないと見れば勇気も忠義も浅くなるのも当然だ」とある。これが戦国時代の主君と家臣の関係をよく物語っている。『韓非子』のいう通り「君臣の関係は計算によるもの」であり、恩賞となる土地こそが君臣をつなぐ絆だったのだ。

天下統一作戦

信長が足利義昭を奉じて上洛以来十四年、信長の目指す天下統一が目前に迫っていた。天正十年（一五八二）、それは四十九歳の信長にとって人生五十年の仕上げにかかる年だった。残る敵対者は越後の上杉、中国の毛利、四国の長曽我部《ちょうそかべ》、そして最大の強敵、甲斐・信濃の武田だった。その武田氏が意外に早く崩れた。それを契機として他の敵対者も次々と信長の前に崩れ落ちようとしていた。天正十年の出来事を確認してみよう。

【武田氏】

天正十年二月、信濃の木曽義昌が織田方に寝返った。これを好機ととらえた信長は信忠を総大将として武田攻めの命令を発し、信忠が伊奈、金森長近が飛騨、徳川家康が駿河、北条氏政が相模・伊豆・上野《こうずけ》から武田領に侵攻を開始した。信濃松尾城主の小笠原信嶺《のぶみね》、駿河田中城主の依田信蕃《のぶしげ》らも織田・徳川連合軍の侵攻を前に戦わずして降伏した。さらに勝頼の従兄弟である穴山梅雪《あなやまばいせつ》が徳川家康を介して織田信長に服属し、武田氏は内部から崩壊した。三月十一日、追い詰められた武田勝頼は天目山で自害し武田氏は滅亡した。まことにあっけない勝利だった。

信長にとっては「戦わずして勝つ」の典型であり、味方の損傷はほとんどなく、武田家の領地だけでなく、その軍勢もほぼそのまま手に入れることができたのだ。

信長にとって武田氏滅亡がどれだけ重要な意味を持っていたかを示すひとつの証言がある。朝廷の重鎮で武家側との連絡・交渉役である武家伝奏《てんそう》だった勧修寺《かじゆうじ》晴豊《はるとよ》の日記には、「武田を滅ぼして目出度いことだ、征夷大将軍にすべき」と書かれている。

毛利氏に庇護されている足利義昭を解任して、信長を征夷大将軍とすべきと認定したのだ。武田氏滅亡で天下の趨勢は決まり、残る毛利氏・上杉氏・長曽我部氏は時間の問題とみたわけである。

【上杉氏】

信長は越前に柴田勝家、加賀に佐久間盛政、能登に前田利家を配置し、北越後の新《し》発《ば》田《た》重家《しげいえ》に内応するよう誘い、上杉景勝包囲態勢を整えた。武田氏の滅亡した三月十一日、織田軍は上杉軍三千八百の立て籠もる越中魚津《うおづ》城を包囲した。

五月十五日、景勝が魚津城救援のために春日山城から天神山城に出陣すると、織田軍は天神山城へ向かい各地で激戦が繰り広げられた。すると、森長可《ながよし》は信濃から、滝川一益《かずます》も上野から越後へ侵攻し、景勝の背後を衝いて本拠春日山城へ迫った。五月二十七日、春日山城の危機を知り、景勝は魚津城救援を諦めて春日山城へ引き揚げた。このため、魚津城は籠城八十余日、六月三日に落城し、さらにいよいよ春日山城落城かという状況に立ち至っていた。

六月二日に勃発した本能寺の変の知らせが四日に届き、織田軍が全軍撤退しなければ上杉氏は滅亡を免れなかった。

【長曽我部氏】

天正三年（一五七五）七月に土佐を統一した長曽我部元親《もとちか》は、四国全土の制覇を狙って三好勢が押さえる阿波へ侵攻を開始し、これに先立って信長との同盟を結んだ。この同盟の仲立ちをしたのが明智光秀である。

そもそも四国の三好勢というのは将軍義輝を討った勢力であり、義輝の弟義昭を将軍に担いだ信長とは敵対関係にあった。三好という共通の敵のため信長と元親の両者の同盟は成立し、元親は本能寺の変の起きる前年の天正九年（一五八一）までに阿波・讃岐・伊予に勢力を伸ばして三好勢を追い詰めていた。

しかし、このあたりから信長の政策に変化が現れた。天正三年四月に信長に服属した三好一族の三好康長が四国の三好勢力を影響下に置くようになったことによって、信長は長曽我部氏と三好氏の両立を図らざるを得なくなったのだ。そこで、信長は讃岐・伊予を放棄するように元親に命じた。

ところが、この信長の命令に元親が従わなかったため、信長は三男の信孝を総大将とする長曽我部征伐軍の派兵を決めた。大坂に集結した征伐軍の四国渡海は天正十年（一五八二）六月三日、つまり本能寺の変の翌日に予定されていた。まさに長曽我部氏の命運は風前の灯だったのだ。

六月二日の本能寺の変により信孝の率いる征伐軍が自壊しなければ長曽我部氏は滅

亡を免れなかった。

【毛利氏】

毛利氏は信長に追放された足利義昭を領内に庇護し、天正四年（一五七六）以来、本願寺と連携して信長と敵対してきた。一時は秀吉と播磨で一進一退の攻防を繰り広げ、摂津の荒木村重を寝返らせるなどしたが、次第に劣勢に立たされた。天正八年（一五八〇）には本願寺が信長と和睦し、播磨・摂津も信長に服した。天正十年三月、秀吉は備前《びぜん》・備中《びっちゅう》に攻め入り、毛利方の諸城を次々と陥落させた。五月には備中高松城の水攻めを開始し、救援に駆けつけた吉川《きっかわ》元春、小早川隆景らを将とする毛利軍の主力と対峙していた。この時点で既に武田氏は滅亡しており、上杉氏・長曽我部氏も風前の灯だった。残された信長の敵対者は毛利氏のみという状況に追い込まれつつあったのだ。

秀吉は本能寺の変勃発の報を六月三日夜に受けると翌四日、直ちに毛利氏と和睦を締結した。いつでも和睦できるように段取りは既に付いていたのだ。秀吉が家臣に書かせた『惟任退治記《これとうたいじき》』にも「既に毛利からは高松城明け渡しや五ヵ国割譲などの申し入れが再三あった」と書かれている。本能寺の変が起きなくても早晩毛利とは和睦していたということだ。信長は上杉・長曽我部は完全に粉砕すべき「破敵」、それに対して毛利は結局は和睦すべき「和敵」と見定めていたのだ。

こうして信長の天下統一は目前に迫っていた。天下統一した後に信長は何をしようとしていたのであろうか。時に信長四十九歳。人生五十年で目標とした天下統一を果たしたら、後は息子たちに任せて楽隠居を考えていたのだろうか。

それは間違いなくあり得ない。生存合理性を追求し、敵対者を次々と武力で倒すことによって実現してきた信長の天下統一。それは彼の求めてきたものの最終的な答ではない。自分一代で滅びた平清盛や秦の始皇帝を反面教師として学んだ信長の最終的な答が天下統一であろうはずがない。自分一代の天下に終わってしまっては偲び草としてみじめなものなのだ。

彼の成さねばならないことは自分の死後も続く織田政権の確立だ。お手本は四百年の王朝を築いた漢の高祖であろう。信長は次の偲び草を求めて、あらたなステージに上らねばならない必然を背負っていたのだ。信長の天下はさらにもう一段拡大していったのである。

第五章　本能寺の変の神話を暴く

未だに「蘭丸」の怪

いよいよ信長の人生の最大の謎である本能寺の変の謎解きを行おう。本論に入る前にこれまでの本能寺の変論には重大な欠陥があることを理解しておいていただきたい。それは単に特定の研究者が陥っているというのではなく、研究界全体の構造的な欠陥ともいえるものだ。その欠陥によって本能寺の変論は見当違いな方向でこれまで迷走を続けてきたのだ。

桶狭間《おけはざま》の戦いが正面攻撃であったと唱えた藤本正行氏は次のように書いている。

「参謀本部が『日本戦史　桶狭間役』で迂回奇襲神話を確立したのが明治三十二年（一八九九）、私が「異説・桶狭間合戦」という論考で、神話の真相を暴いたのが『歴史読本』一九八二年七月号だから、実に八十三年もかかっている。

いささか長すぎる気もするが、なにしろ、プロ中のプロである（はずの）参謀本部の軍人が編纂した『日本戦史』である。その内容は、信用されるのが当然だろう。たとえ、その内容に疑いを抱く者があったとしても、その絶対的な権威に対し、正面切って異議を唱えられない状況ではなかったか。

そうこうするうちに、これを参考にして多くの歴史書や小説が書かれたため、その内容も定説となって世間に浸透した」

藤本氏は八十三年前の権威者が作った話が世間に広まってしまったのだと書いているが、実は信長研究や本能寺の変研究においてこのような例は枚挙にいとまがない。

たとえば、些細な例では信長の小姓として有名な「森蘭丸」という表記がそうだ。『信長公記《しんちょうこうき》』には「森乱」と書かれていて「蘭」という字は一切使われていない。「蘭丸」ではなく「乱丸」が本当なのだ。「蘭丸」と初めて書いたのは羽柴秀吉が本能寺の変の四ヵ月後に家臣の大村由己《ゆうこ》に書かせた『惟任退治記《これとうたいじき》』だ。この本は題名が示すように明智光秀（惟任日向守《ひゅうがのかみ》）を退治したという、本能寺の変の顚末についての秀吉による公式発表資料である。

その後に書かれた軍記物の『甫庵信長記《ほあんしんちょうき》』や『川角太閤記《かわすみ》』でさえ「蘭丸」とは書いておらず、「森乱丸」や「森お乱」と表記している。ところが、本能寺の変から百年以上たって出版されてベストセラーとなった『明智軍記』があらためて「森蘭丸」と書いて以来、様々な軍記物にこの表記が引き継がれた。軍記物ばかりではなく、熊本藩細川家の正史である『綿考輯録《めんこうしゅうろく》』にまで「蘭丸」と書かれている。

そして、驚くことに現代の一流の信長研究者の近著にもこぞって「蘭丸」と書かれているのだ。中には「御乱」と書かれている公家の日記の引用文に「御乱（森蘭丸）」と書いている研究者もいる。これでは、「蘭丸」が正式名だと主張しているようなものだ。戦国史研究で著名な歴史学者が時代考証を行っているテレビドラマでも未だに「蘭丸」である。

「乱」と「蘭」の表記の問題はとても些細なことに思えるが、小姓の「蘭丸」と「乱丸」では随分印象が異なる。受け取り手によっては信長と小姓「蘭丸」との関係や信長自身の嗜好や人物像にある傾向の思い込みを持つかもしれない。信長を見る歴史観に狂いが生じる可能性もある。『惟任退治記』に秀吉がよく知っている乱丸のことをわざわざ「蘭丸」と書かせた意図も何かあるはずだ。歴史の真実を伝えるべき研究者がその片棒を担ぎ続けることは許容されることとは思えない。

なぜ、このような不可解な現象が起きているかといえば、それは桶狭間の迂回奇襲説とまったく同じ構図だ。戦国史研究ではプロ中のプロである高柳光寿氏（東京帝国大学史料編纂掛編纂官、國學院大學教授、日本歴史学会会長などを歴任）が五十年以上前に書いて、今でも本能寺の変研究のバイブルとされる著書『明智光秀』の中に「蘭丸」と書かれているのだ。「これが信用されるのが当然だろう。その内容に疑いを抱く者があったとしても、その絶対的な権威に対し、正面切って異議を唱えられない状況ではなかったか。そうこうするうちに、これを参考にして多くの歴史書や小説が書かれたため、その内容も定説となって世間に浸透した」ということだ。研究者はこれを正そうとはせず、「蘭丸」を世間に浸透させるために今でも努力を続けているということになる。

このように些細なことですら正されていないのであるから、桶狭間の戦いの迂回奇襲神話が正されなかったのも当然といえば当然であろう。信長の人生にとって最重要な事件となった「本能寺の変」にはさらに様々な神話が今も生き続けている。まず、その神話をすべて捨て去って、虚心坦懐に信長にとっての「本能寺の変」を解いていくことにしたい。

「本能寺の変」神話の正体

明智光秀は、美濃明智城落城の際に脱出して越前に逃れ、諸国放浪の後に朝倉義景に仕官した。その後、織田信長に仕えて足利義昭の上洛を信長に斡旋し、上洛後は信長と義昭の両方に仕えた。義昭の追放後は信長のもとで粉骨砕身働いたが、織田信長を恨むようになり、天下を取りたいという野望も抱いて謀反を企てた。

光秀は前夜になるまで重臣にも打ち明けずに一人で謀反を決意した。謀反は信長の油断から生じた軍事空白によって偶発的に引き起こされたものだった。

本能寺の変の勃発を知って徳川家康は命からがら三河に逃げ帰り光秀討伐の軍を起こしたが出遅れた。羽柴秀吉は本能寺の変の勃発を知ると毛利氏との和睦をまとめて台風の中を驚異的なスピードで引き返して光秀を討った。

以上のストーリーは歴史学界でもおおむね公認されている明智光秀と本能寺の変についての定説といえる。怨恨説を除いては高柳光寿著『明智光秀』に書かれて定説として広く受け入れられたものだ。この本は光秀謀反の動機として通説となっている怨恨説を否定し野望説を打ち出した画期的な書とされている。これを受けて歴史学界ではしばらく「怨恨説か野望説か」の論争が続いたが、動機以外については議論にはならず定説として固まった。

その後、黒幕説も含めて様々な動機論が飛び出したが、二〇〇六年に高柳説の継承者とされる鈴木眞哉・藤本正行両氏が『信長は謀略で殺されたのか』で黒幕説を否定し、怨恨説と野望説の両立を主張したことによって動機論にも決着が付いて定説を再確定した形になっている。

しかし、実はこの定説は神話に過ぎない。この神話を否定する様々な史実があるにもかかわらず、研究者がそれを見落とすか、あるいは敢えて無視しているだけなのである。

まず、光秀は仕えていた朝倉義景を見限って織田信長に仕え、永禄十一年（一五六八）に信長と義昭の二人を結びつけて上洛させたとされているが、そのことを書いた史料は江戸時代に書かれた『明智軍記』と熊本藩細川家の正史『綿考輯録』しかない。「本能寺の変」から百十年後に書かれた『明智軍記』の記事を、さらに四十年後に書かれた『綿考輯録』が引用・加筆したものに過ぎないのだ。『綿考輯録』には『明智軍記』を参照していることが堂々と明記されているにもかかわらず、そのことがすっかり見落とされている。『明智軍記』を誤謬《ごびゅう》充満の悪書と指摘した高柳氏が『綿考輯録』の記事を肯定したことによって神話になってしまったのだ。

本能寺の変当時に書かれた信憑性ある史料から総合的に判断すると光秀は上洛前から細川藤孝に仕えていて、陪臣として足利義昭の足軽衆となり、上洛後は義昭の直臣《じきしん》である幕府奉公《ほうこう》衆に出世し、比叡山焼討の後に信長に仕えたということになる（詳細は『本能寺の変　431年目の真実』参照）。細川家は謀反人光秀との浅からぬ因縁を隠すために『綿考輯録』に『明智軍記』の記事を採用したのだろう。

二〇一四年十月、熊本県の旧家から、永禄九年（一五六六）に信長が義昭に供奉して上洛する計画であったことを示す書状が多数発見されたことが広報された。その二年後の永禄十一年にあらためて光秀が信長と義昭の仲を取り持つ必要性など一切ないことが証明されたことになる。

「光秀は前夜になるまで重臣にも打ち明けずに一人で謀反を決意した」と初めに書いたのは『甫庵信長記』である。これも高柳氏が肯定したために神話となった。謀反の秘密の漏えいを防ぐためには誰にも相談するわけがないとしたのだ。

ところが、長曽我部《ちょうそかべ》元親《もとちか》の事績が書かれた『元親記』の記述が見落とされている。光秀の重臣の一人斎藤利三《としみつ》が信長の長曽我部征伐の動きを知って「明智謀反の戦いを差し急いだ」と書かれている。つまり、光秀の謀反の計画が既に存在しており、利三はそれを知っていて長曽我部救済のために謀反を急いだということだ。

『元親記』は土佐の長曽我部元親の側近だった人物が元親の三十三回忌に主君を偲《しの》んで書いたものである。後世に編纂された二次史料として『元親記』の記述は信憑性がないとして無視されてきた。しかし、信憑性においては『信長公記』の首巻、つまり大うつけや桶狭間の戦いなどの上洛前の信長を偲んで書かれた話の信憑性と何ら変わらないはずだ。無視されてきたのは、神話と合わない記述だったからであろう。

ところが、『元親記』の記述を裏付ける書状が岡山県の林原美術館で発見されたことが二〇一四年六月に広報された。『元親記』には信長の要求に従うようにと光秀が派遣してきた石谷頼辰《いしがいよりとき》の説得を元親が拒否し、その結果、信長が長曽我部征伐を決定したことが書かれている。発見された書状の中には頼辰を説得に派遣する旨を書いた利三の書状と本能寺の変直前になってようやく信長の要求に従う考えがあることを書いた元親の利三宛の書状がある。正に『元親記』に書かれた通りに事態が進行していたことを裏付けている。

三十三年以上前に起きた事件の詳細は記憶が薄れている可能性があるが、肝心な要点は覚えているものだ。特に、長曽我部氏滅亡という重大事にかかわる記憶である。そのようなことに記憶違いはないと考える方が妥当であろう。『元親記』の記述の信憑性が裏付けられたことによって、光秀が謀反の決意を前日の夜まで重臣にも秘密にしていたという神話が崩れたのだ。

見落とされているのは光秀に関することだけではない。命からがら三河に逃げ帰り光秀討伐の軍を起こしたが出遅れたとされる徳川家康の「神君伊賀越え」神話に関しても同じだ。本能寺の変の当日の朝に家康と重臣の一行は堺を出発して本能寺へ向かっていたこと、家康に同行していて一揆に殺されたことになっている穴山梅雪《あなやまばいせつ》が本当は「切腹」させられていたこと、そして三河帰着後の家康が光秀討伐に動くどころか、匿《かくま》っていた武田旧臣を織田領となっていた甲斐・信濃に直ちに送り込んで簒奪工作を開始していることなども見落とされたままだ。

秀吉の「中国大返し」神話も秀吉自身が家臣に書かせた『惟任退治記』に書かれた日程を高柳氏が肯定したことによって、大雨疾風の中を一日で八十キロも行軍したという異常さが見落とされたままになってしまった。秀吉が備中高松を早々に撤収していることを示す秀吉自身や重臣の書状の存在がよく知られているにもかかわらず、撤収日が正されることなく書状の方が嘘だとされている。これも神話に合わない記述がなされているからだ。

最後に、光秀謀反の動機を考える上で非常に重大な見落としを指摘しておく。光秀が信長を恨んで殺したとする怨恨説も天下取りの野望を抱いて謀反を起こしたとする野望説も、どちらも『惟任退治記』が基になっているということだ。つまり、現代の神話となっている光秀謀反の動機は秀吉が四百年以上も前に公式化したものなのだ。

光秀が謀反の直前に愛宕山で催した連歌会で発句（初めの句）に詠んだことで有名な「時は今あめが下知る五月かな」という句も、『惟任退治記』が天下取りの野望を表す証拠として初めて書いて広めたものである。これらの事実を見落として歴史学界は長らく「怨恨説か野望説か」の論争を行い、その末に「怨恨説＋野望説」というそもそも秀吉が作った神話に一件落着しているのである。

なぜ光秀を重用したか

本能寺の変の解明の前に信長と光秀の関係を整理しておこう。

前述の通り信長に仕えたのは元亀二年（一五七一）、比叡山焼討の後に信長に近江志賀郡の知行を与えられてからである。光秀は坂本城を築城し、織田家中では初めての城持ち大名となった。通説では光秀が反対して信長を諌めたとされる比叡山焼討であるが、軍功に応じて攻め取った土地を与える論功行賞の原則からみて、比叡山のある志賀郡を与えられた光秀が比叡山焼討での軍功第一だったのだろう。

その後の信長と光秀の関係は相互信頼といってよい関係であったことが『信長公記』の記述で確認できる。苛《いじ》めたり恨んだりの話は一切なく、佐久間信盛への折檻状の第三条に「明智光秀は丹波平定で天下の面目を施し」とあるように、しばしば信長は光秀の働きを称賛している。

ルイス・フロイスの書いた光秀の人物評にも、それが読み取れる。フロイスは日本で体験・見聞したことを後になって『日本史』に編纂した。光秀とは直接会った記録がないので、親交のあった高山右近などから得た情報であろう。要約・編集すると次のように書かれている。

「裏切りや密会を好み、刑を科するに残酷で、独裁的でもあったが、己を偽装するに抜け目がなかった。

戦においては謀略を得意とし、忍耐力に富み、計略と策謀の達人であった。築城に造詣が深く、優れた建築手腕の持ち主であった。戦いに熟練の士を使いこなしていた。人を欺くための七十二の方法を深く体得し、かつ学習したと吹聴していた。

その才略、深慮、狡猾さにより信長の寵愛を受けた。主君とその恩恵を利することをわきまえていた。自らが受けている寵愛を保持し増大するために不思議な器用さを身に備えていた。絶えず信長に贈与することを怠らず、その親愛の情を得るためには、彼を喜ばせることを万事につけて調べているほどであり、彼の嗜好や希望に関しては、いささかもこれに逆らうことがないように心掛けた。信長は奇妙なばかりに親しく彼を用いた。

殿内にあって彼は余所《よそ》者であり、外来の身であったので、ほとんどすべての者から快く思われていなかった」

光秀はイエズス会が頼りにしていた信長を殺した人物なので、かなり悪意のこもった表現で書かれているが、フロイスの悪意を除いて読むと、優れた軍事戦略家で非凡な才覚の持ち主であったことが読み取れる。信長に能力を買われて重用され、信長に対しては細かな気遣いをし、正に優れた参謀、腹心の家臣として信長の天下統一事業を支えていたのだ。そして二人の関係は「信長は奇妙なばかりに親しく彼を用いた」と周囲が思うほどに親密だったのだ。

「戦においては謀略を得意」とは正に孫子の「兵は詭道なり」を実践していたことを示している。「人を欺くための七十二の方法を深く体得し、かつ学習した」とは兵法に精通していたことをいっているのであろう。『武経七書』の篇の数をすべて足すと六十篇ぐらいになる。七十二の方法とは習得した兵法書の篇の数を指していたのではなかろうか。『孫子の兵法』の冒頭には「私の兵法を理解する将軍を用いれば必ず勝つのでこれを用いよ。私の兵法を理解しない将軍を用いれば必ず負けるのでこれを罷免せよ」と書かれている。信長にとって前者が光秀で後者が佐久間信盛だったということだ。

また、「刑を科するに残酷で、独裁的」も信長の「厳罰」「独裁」と共通している。信長と光秀とは同じような「知識・論理」を持ち、互いによく理解し合える仲だったに違いない。ということは、「主君は自分の計算で家臣を抱え、家臣は自分の計算で主君に仕える。君臣の交は計なり」（『韓非子』）ということも相互によくわきまえていたのであろう。

織田家譜代の佐久間信盛の追放とフロイスに余所者と評された新参者の明智光秀の重用を対比してみると『韓非子』の次の言葉が思い浮かぶ。

「本当に功があれば、縁が薄く賤《いや》しい者でも必ず賞を与え、本当に過《あやま》ちがあれば、縁が近くて愛する者でも必ず罰する。こうすれば、縁が薄くて賤しい者も怠けず、縁が近くて愛する者も驕《おご》らない」

もちろん、信長が光秀を重用した理由はこれだけではない。幕府奉公衆であった光秀を越前朝倉攻めや比叡山焼討に活用し、その後、義昭のもとから引き抜いて京都の行政を担当させたことを考えれば、越前・若狭・近江との地縁、幕府での執務経験、朝廷との対応経験など織田家譜代の家臣には備わっていない経験・知識を買ったのであろう。

光秀が上洛する以前の経歴については未だ謎である。まだ捜査中であり史料の信憑性評価の余地が残るが、いくつかの史料が次のような可能性を示唆していることをご紹介しておこう（『福井県史』所収光秀書状、『武家事紀』『遊行三十一祖京畿御修行記』『美濃明細記』）。

斎藤道三に美濃を追われて越前朝倉氏に身を寄せた美濃守護土岐頼純《よりずみ》に仕えて朝倉氏

との調整にあたり、天文十六年（一五四七）に頼純が没した後は朝倉義景家臣の黒坂備中守景久に仕えて景久居城の舟寄《ふなよせ》城下にある長崎称念《しょうねん》寺の近くに十年ほど住んでいた。永禄九年（一五六六）に足利義昭が朝倉義景を頼って越前に来た後に細川藤孝に仕えて一乗谷安養寺の義昭御所近くへ移り住んだ。

この経歴は地元の長崎称念寺や東大味《おおみ》にある「あけっつぁま」と呼ばれる明智神社に残る伝承とも整合し、また、信長が朝倉攻めに光秀を起用した理由が越前の地理に通暁していたためとする説にも適合する。今後さらなる捜査を進めたい。

本能寺の変諸説の欠陥

神話を疑問に感じている人は多く、神話に代わって様々な新説が唱えられている。それらの説には神話を超える蓋然性があるのだろうか。

残念なことに、これらも神話同様に極めて蓋然性が低いのである。既にそれぞれの説に対して様々な不備の指摘がなされているので詳細は省略し、あらためて怨恨説、野望説も含めて諸説の基本的な欠陥だけを指摘しておく。

【怨恨説】

前述の通り、秀吉が家臣に書かせた『惟任退治記』に信長の言葉として「怨みで恩に報いる前例がないわけではない」と書かせたのが元となり、信長が光秀を苛めたとする様々なエピソードを軍記物が創作して定説となった説である。「家康饗応役を取り上げて秀吉の援軍に行かせた」「光秀の失言に怒って寺の欄干に光秀の頭をぶつけた」「朝倉義景の頭蓋骨を盃《さかずき》にして酒を飲まそうとしたが光秀に拒絶されたので殴った」「家臣の斎藤利三を元の主君稲葉一鉄へ返せと命じたが従わないので森蘭丸（乱丸）に頭を叩かせた」「近江・丹波の領地を没収し、まだ毛利領の出雲・石見《いわみ》を与えると命じた」「信長のせいで人質になっていた光秀の母が殺された」など実に様々な話が作られた。

ところが、『信長公記』のように信憑性ある史料には怨恨にかかわるエピソードは一切書かれておらず、それどころか、光秀を褒める言葉がしばしば書かれていることも前述の通りである。

【野望説】

秀吉が家臣に書かせた『惟任退治記』に「時は今あめが下知る五月かな、これぞ謀反の先兆なり」とあるのが元となった説である。『川角太閤記』には光秀が「老後の思い出に一夜なりとも天下の思い出を作りたい」と語ったと書かれている。「光秀の心がよく表れている」などと評する研究者がいるが、斎藤利三らわずかな重臣にしか打ち明けていない内密の話をどうやって『川角太閤記』の作者が取材できたかを考えてみたら、創作話に過ぎないとわかる。

高柳光寿氏が野望説の根拠にしたのは「信長は天下が欲しかった。秀吉も天下が欲しかった。光秀も天下が欲しかったのである」という説明でしかない。「社長になりたい」「総理大臣になりたい」は子供の夢として語られる場合を除いて最終目的とはなりえず、社長になって何をしたい、総理大臣になってこうしたい、というその先の本当の目的があるはずだ。子供が飴玉を欲しがるようなレベルで天下を欲しがる武将などいるはずがない。

【四国説】

林原美術館での長曽我部元親や斎藤利三の書状の発見によって、信長の対長曽我部政策の転換を謀反の動機とする四国説が勢いを得ている。しかし、その理由とされるのが、長曽我部元親と信長の間の取次役であった光秀の立場がないがしろにされ、「光秀の出世の見込みがなくなったため」や「光秀の面子《メンツ》が潰されたため」である。

いずれも、「怨恨説か野望説か」の論争を展開した高柳光寿氏や桑田忠親氏が自説の補強材料として五十年近く前に主張した説明を蒸し返しているに過ぎない。

この書状の発見によって『元親記』の記述の信憑性が裏付けられたことに気付いて『元親記』をよく読み直すべきである。「利三が明智謀反の戦いを差し急いだ」と書かれていて、「利三が明智謀反の戦いを企てた」とは書かれていない。既に別の理由で光秀は謀反を企てていて、それを知っている利三はその実行を急がせたということである。

【朝廷黒幕説】

公家の勧修寺《かじゅうじ》晴豊《はるとよ》の日記に「斎藤利三は信長討ちを談合した人物」と書かれていることを根拠に「朝廷が光秀に謀反を唆《そそのか》す談合を行った」として唱えられた説である。この説の裏付けとして朝廷と信長の間に切迫した対立関係があったとされたが、第四章に書いたように近年の研究では信長と朝廷との関係は相互利用の良好な関係であったことが確認されている。

【イエズス会黒幕説】

イエズス会を庇護してきた信長が自己を神格化してイエズス会を排除しようとしたので光秀を使って殺したとする説である。第四章で記したように信長とイエズス会との関係は相互利用の良好な関係であったことが確認されている。一方で、光秀とイエズス会の接触の記録は存在しない。

【足利義昭黒幕説】

毛利氏に庇護されていた将軍足利義昭が一貫して反信長包囲網を操っており、その一環として光秀を抱き込んで謀反を起こさせたとする説である。朝廷黒幕説やイエズス会黒幕説とは異なり、黒幕とされる義昭には信長殺害の明確な動機があるのは確かである。しかし、他の黒幕説と同様に黒幕に唆された実行犯とされる光秀が信長を殺さねばならない動機が不明である。朝廷、イエズス会、足利義昭のいずれに対しても、光秀が一族滅亡のリスクを冒してでも片棒を担がねばならない妥当な理由が見出せない。

また、足利義昭黒幕説には謀反の実行プロセスにおいて明らかに説明の付かないことがある。義昭が首謀者だとすると、義昭を自分の領内に匿っていた毛利氏が事前に謀反の情報を何ら得ていなかったことの説明が付かない。義昭は当然毛利氏に相談して謀反に加担させていなければならないからだ。毛利氏は秀吉が和睦して撤収した後も本能寺の変の正確な情報を摑んでいなかったのである。

【非道阻止説】

信長の非道を阻止するためとする説である。非道とは人としてのあり方や生き方にはずれていることだ。いわば光秀が正義の鉄槌《てっつい》を振るうということであるから光秀ファンには喜ばれる説である。しかし、一族の生存と繁栄に責任を負った戦国武将が正義のために一族滅亡の危険を冒すだろうか。また、光秀が阻止せねばならない信長の企てている非道が具体的に何なのか、それに蓋然性があるのか不明である。怨恨説と同様に戦国武将の実相とかい離した動機である。

【光秀冤罪説】

信長を殺したのは光秀ではなく、本当の犯人は別にいるという説である。明智軍は本能寺へ出頭しただけであり、信長を殺したのは先にやってきた別の部隊だったと説明される。

しかし、明智軍はその後、二条新御所に立て籠もった織田信忠（信長の嫡男）を襲って討っている。本能寺へ出頭しただけの明智軍が何ゆえに信忠を殺すのか、どうしてもこの説明が付かない。光秀が信忠の立て籠もる二条新御所で現場の指揮をとっていたことはフロイスの書いた『イエズス会日本年報』の記述にある。また、公家の勧修寺晴豊が二条新御所を包囲した軍勢の中に顔見知りの光秀家臣井上某を見つけて話をしたという証言もある（『日々記』）。

加えて、光秀自身が自分の謀反であると自白したともいえる証言もある。本能寺の変の後に安土城を占拠した光秀を朝廷の勅使の吉田兼見が訪問している。彼の日記『兼見《かねみ》卿記《きょうき》』には光秀と「謀反の存分を雑談《ぞうだん》した」と書かれている。光秀本人も兼見も本能寺の変が光秀の謀反であることを当然の前提として話しているのだ。

【ノイローゼ説】

光秀が信長の厳しさに対する強迫観念からノイローゼとなって謀反に及んだとする説である。この説は『甫庵信長記』に光秀の謀反の動機は信長の信賞必罰の厳しさがいずれ自分を破滅させると恐れたためと書かれていることから生まれた説と思われる。これ以外には光秀がノイローゼになったことを思わせるような記述のある史料は存在しない。光秀と親交の深かった吉田兼見の日記には本能寺の変前後の光秀との接触の記録があるが、光秀の態度には精神的な異常はまったく認められない。

この『甫庵信長記』の作者小瀬甫庵は後に『太閤記』を書いて、その中で動機は家康饗応役を取り上げられたことを恨んだためとしている。ノイローゼ説から怨恨説に乗り換えたのだ。このことは軍記物作家が真実を書こうとしていたのではなく、読み物として面白いものを書こうとしていたに過ぎないことを如実に物語っている。

そもそも、ノイローゼになった人物が周到に謀反の準備をして実行することはできないし、ノイローゼに陥った主君の異常な命令に家臣が従うこともあり得ないと考えるべきではなかろうか。

智者は未萌に見る

これまでの章では信長の決断がどのような「知識・論理」によってなされたのかを信長の事績を追いながら確認してきた。そこに見えてきたのは天下統一という目標に向けて生存合理性に徹して、中国・日本の歴史に学んだ「知識・論理」を駆使した人物像である。

その信長が「本能寺の変」によって倒れた。それによって、彼が目指したことは実現途上で途絶えた。したがって、歴史には彼が目指したことのすべてが顕在化しなかったのである。実はここに「本能寺の変」を解明する上での本質問題がある。

日常茶飯に発生している殺人事件や推理小説に描かれる殺人事件の原因はおおむね「過去」にある。被害者と犯人の過去の経緯の中に、犯人を殺人へと追い込む怨恨や欲望の元が潜んでいるのだ。犯人は過去の因縁の清算のために殺人を犯す。このような事件は彼らの過去を徹底的に調べ上げることによって解明されていく。横溝正史の描く金田一耕助探偵はこの典型だ。

ところが、謀反とはこのような事件と同一次元で考えるべきものではない。一族の繁栄と生存に対する重い責任を負った戦国武将の重大な決断である。当時の国政を動かしていた戦国武将の政治的な次元に原因を求めるべきだろう。

そもそも、謀反は殺人が目的ではなく、国と国との戦と同次元で考えるべきものだ。戦争の相手が主君である場合が謀反ということになるだけだ。信長が尾張を統一した際の国内にいる敵との戦いを思い出していただきたい。清須守護代織田信友を討ち、守護職斯波《しば》氏を追放した戦いがまさしく謀反であった。その戦いの原因が怨恨であったというような説は聞いたことがない。光秀の謀反は秀吉によって単なる殺人事件に仕立て上げられた。日本中が今も秀吉に騙されているのだ。

謀反の原因の特徴は何であろうか。それは戦と同様に「未来の危機」に対する未然防止である。たとえば、自分が主君に処分される危機や主君とともに敵に敗れて滅ぼされてしまう危機を回避するためである。荒木村重や松永久秀の謀反は前者の例であり、木曽義昌や穴山梅雪が武田勝頼を見限って寝返ったのは後者の例だった。

つまり、明智光秀も信長に主君として仕えていることによって生ずる「未来の危機」を回避しようとしたと考えられる。そうであれば、信長がこれから何をしようとしていたのか、そして、そのことによって光秀がどのような危機に曝《さら》されると考えたのか、さらに、それが果たして謀反というリスクを冒すのに見合うほど重大な危機だったのかを調べねばならない。「過去」ではなく、まだ十分に形に現れていない「未来」を調べねばならないのだ。

危機の重大さに対する認識はどうであろうか。謀反に失敗すれば一族滅亡である。謀反に失敗した荒木村重一族の苛酷な処刑は謀反に対する予防刑として極めて効果が大きかったはずだ。そのような一族滅亡の危険を冒してでも謀反を起こさなければならないということは、謀反を起こさずに、そのまま放置していると一族が間違いなくもっと悲惨な事態に追い込まれる、つまり滅亡してしまうという危機感が無ければならない。

中国の兵法書『戦国策』は「愚者は成事《せいじ》に闇《くら》く、智者は未萌《みほう》に見る」と説く。信長の事績を追うと信長は絶えず「未萌に見る」、つまりまだ兆候が現れていないことを見ることによって先手先手を打っている。だから、誰も信長の行動を予見できなかったであろう。桶狭間での信長の突撃も比叡山の焼討も佐久間信盛の追放もその相手はもちろんのこと、信長の家臣ですら予想外のことに驚いたに違いない。ましてや、乏しい戦国の

「知識・論理」しか持たない現代人が信長の次の手を読むのは将棋の名人の次の手を読む以上に難しい。「本能寺の変」の真相を解明するためには、この極めて難しいことに挑戦しなければならないのだ。どこまで読めるか、読めないかは「信長脳」の中身についての知識量や理解度によるであろう。それが不十分であることを認識しつつも、挑戦してみることにしよう。

第六章　天下統一の先に求めたもの

信長の次なる偲び草

信長は子の代の安全への責任を果たそうとしていた。しかしながら、英雄譚としての歴史に親しんできた現代人には一代で栄華を極めた英雄のそのような思いを理解できない。従来の本能寺の変論にもこの視点が欠けている。

このことを念頭に置きながら、信長がどのような具体的な施策をめぐらそうとしていたのかを史実に基づいてみていこう。

信長は、家督を譲った嫡男信忠には美濃・尾張・甲斐・信濃・上野・飛驒、次男信雄《のぶかつ》には伊勢・伊賀を与え、三男信孝には四国を与えようとしていた。二十代半ばに達した三人の息子に大きな領地を与えると同時に、安土・京都を中心に近国を織田家直轄領で固めようとしていたのだ。

一方、それまで信長を支えてきた武将たちは各方面軍司令官として遠国に派遣し、征服した地に移封し始めていた。武田攻めに貢献した滝川一益《かずます》を既に関東の上野《こうずけ》に移封していた。中国へ派遣した秀吉、北陸へ派遣した柴田勝家はその地を征服した後にそこへ移封されようとしていた。

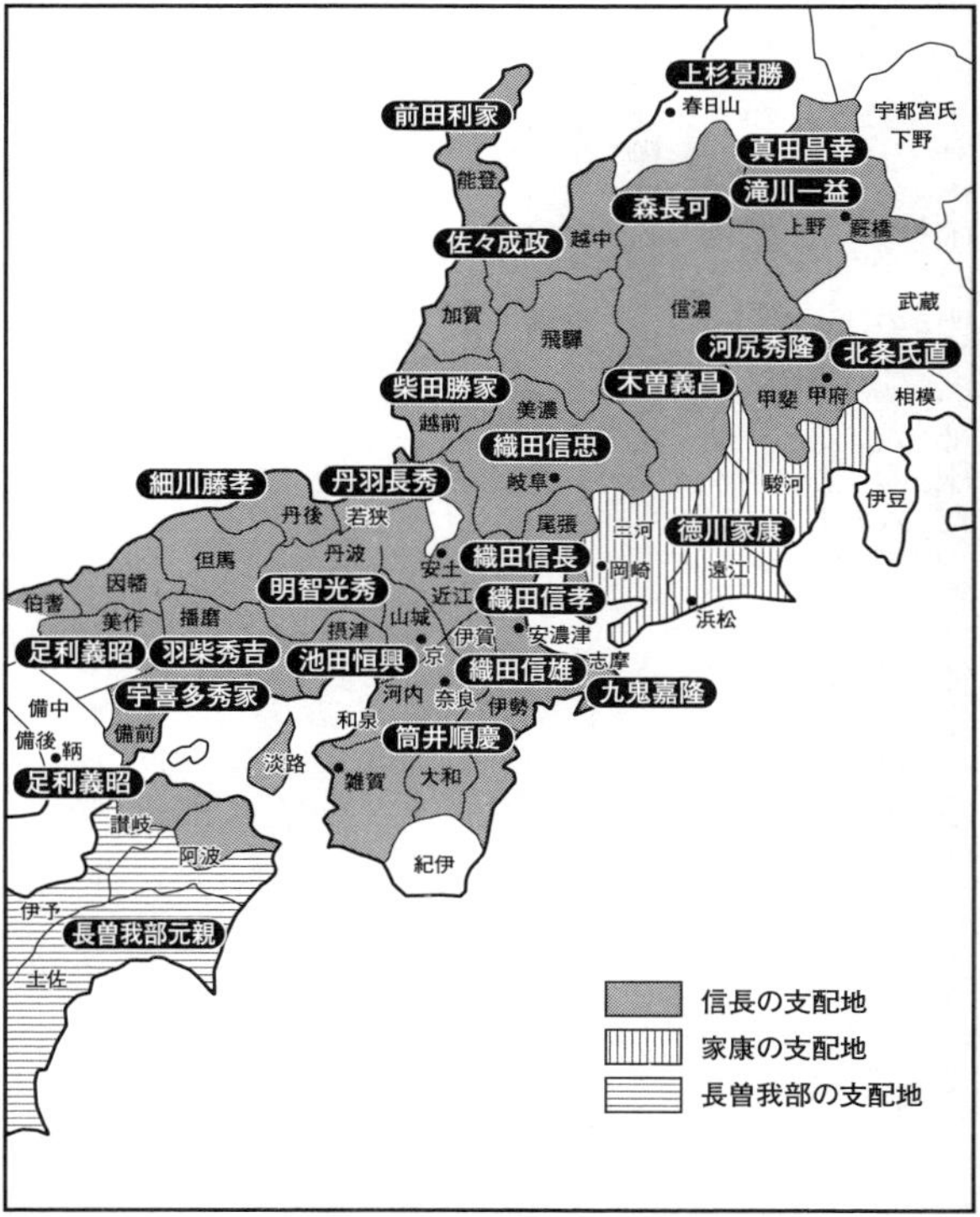

本能寺の変直前の武将配置図

このように自分の死後に謀反を起こしかねない「有力武将の遠国移封」が明確に兆候の現れたひとつの施策であった。光秀もいずれ遠国へ移封されたであろうし、「信長脳」をよく理解していた光秀は当然そのことを予期していたであろう。

もうひとつ、既に兆候の現れていた施策がある。それが「有力武将の処分」である。天正八年（一五八〇）の佐久間信盛父子や林・安藤らの追放がこれである。あの事件を信長の「感情・性格」から生じた気まぐれな政策とする視点からはこのような着眼は生まれない。信長の決断が「知識・論理」から生み出されている以上、つまり『韓非子《かんぴし》』のいう「敵国が滅びれば謀臣が殺される」という論理から生み出されている以上、類似の状況が起きれば、類似の決断がなされるのだ。荒木村重や松永久秀には信長のそのような「知識・論理」が理解できていた。そして自分がその対象になると考えたのだ。だから信長から離反する道を選んだのだ。

それでは、信長は果たして誰を処分するつもりだったろうか。この点は本能寺の変を考える上で極めて重要なポイントである。長年の譜代家臣だった佐久間信盛を処分した信長である。おそらく誰もが驚くような人物に違いない。

そして、もうひとつ、ある一人の人物の証言のみに残されていた施策がある。それが「唐入《からい》り」、つまり中国（明《みん》）の征服だった。従来ほとんど重視されてこなかった信長の

「唐入り」であるが、フロイスの書いた『イエズス会日本年報』と『日本史』の中に、それが明記されている。『日本史』の記述は次の通りだ。

「信長は、事実行われたように、都に赴くことを決め、同所から堺に前進し、毛利を平定し、日本六十六ヵ国の絶対君主となった暁には、一大艦隊を編成してシナを武力で征服し、諸国を自らの子息たちに分ち与える考えであった。

そして後嗣の長男（信忠）には、既に美濃と尾張両国を与えていたが、今回新たに占領した甲斐国の国主の四ヵ国を加え、御本所と称する次男（信雄）には、伊勢と伊賀両国を与え、都に向かって出発するに先立ち、三七殿と称する三男（信孝）を四国の四ヵ国を平定するために派遣した」

この文の後段に書かれている、信忠が美濃・尾張・甲斐・信濃・上野・飛驒、信雄が伊勢・伊賀、信孝が四国を割り当てられたことは史実と一致している。前段に書かれている「中国の武力征服」の話は荒唐無稽のように見えるが、後年秀吉が実行した「唐入り」の史実から判断すると十分に頷《うなず》ける話だ。秀吉の唐入りでさえ秀吉個人の誇大妄想とみてきた感覚では理解できないであろうが、唐入りが天下統一を果たした天下人の「知識・論理」から生まれる必然の帰結とみれば、何も不思議はない。

残念ながら信長の唐入りについては国内に一切記録がない。信長は天下統一するまではこの計画を家臣に秘密にしておくつもりだったのだろう。天下統一すれば平和な世の中になると期待して信長を支えてきた武将たちにとっては衝撃的な話だからだ。孫子の兵法が説くように「能《よ》く士卒の耳目を愚《ぐ》にし、之《これ》をして知ること無からしむ」、つまり、重要な作戦は家臣に秘匿しておくべきなのだ。

秀吉の唐入りに学ぶ

武将の決断がその武将個人の「感情・性格」に起因するという考え方では秀吉の唐入りは彼の誇大妄想ということになり、それ以上の何物も学ぶべきことがない。そうではなく、秀吉の「知識・論理」で決断されたとみれば、類似の「知識・論理」を持った武将であれば同じような決断を行う可能性があり、そこに学ぶべきことが見出せるはずだ。唐入りを先に計画したのが信長であることからして、秀吉が信長の「知識・論理」を採用したことは明白だ。したがって、秀吉の唐入りを学ぶことによって、信長の「知識・論理」を推測することができるはずだ。

幸いなことに秀吉の「唐入り」についてはその計画段階からフロイスがかなり詳しく

書き残している。イエズス会の宣教師がなぜそのような政治的な情報、しかも秀吉という国家のトップである天下人の情報を持っていたのかを疑問に思うかもしれない。これはイエズス会の布教方針と密接に関連がある。イエズス会は下からの布教ではなく上からの布教を方針として権力者への接触を図った。それがキリシタン大名を生み、信長の庇護を得ることにつながったのだ。

秀吉の周辺にもキリシタンは多かった。キリシタン大名の高山右近、小西行長《ゆきなが》、その父隆佐《りゅうさ》がその代表格だ。行長の母はマグダレーナという洗礼名を持ち、秀吉の正室北政所に仕えていた。右近はバテレン追放令に伴って追放されたが、その右近を小豆島に匿《かくま》った行長は唐入りの先陣を務め、計画当初から和睦に至るまで唐入りに最も深くかかわった武将である。フロイスの『日本史』には秀吉宛に行長が書いた朝鮮からの戦況報告も記載されている。行長自身かキリシタンの家臣がイエズス会に写しを送っていたのであろう。

唐入りに関する情報源として行長周辺だけでなく、有馬・大村・伊東・黒田・大友といった九州のキリシタン大名もいた。バテレン追放令によってイエズス会宣教師は畿内を追われたが、長崎へ集結していたので、彼らから情報を得ることはそれまでと変わらずに容易なことだった。このような情報源から、公家や武将の日記などの国内の史料に書かれていない唐入りの情報がイエズス会の史料に書き残されることになったのだ。

まず、秀吉が語った唐入りにかけた思いをみてみよう。

「既に最高の地位に達し、日本全国を帰服せしめた上に、もはや領国も金も銀もこれ以上獲得しようとは思わぬし、その他何ものも欲しくない。ただ予の名声と権勢を死後に伝えしめることを望むのみである。日本国内を無事安寧に統治したく、それが実現した上は、この日本国を弟の美濃殿（羽柴秀長）に譲り、予自らは専心して朝鮮とシナを征服することに従事したい。（中略）予は後世に名を残し、日本の統治者にして古来いまだかつて企て及ばなかったことをあえてせんと欲するのみであるからだ」

この言葉は天正十四年（一五八六）に日本イエズス会副管区長に就任したガスパール・コエリョがフロイスを通訳として伴って大坂城に秀吉を訪問した際に語られたものだ。この席にはキリシタン大名としてイエズス会と最も親交のあった高山右近も同席していた。

なぜ秀吉がこのような国家機密ともいえる話をイエズス会に話したのであろうか。そこには当然秀吉の思惑があった。それを示すのが次の秀吉の言葉である。

「予としては、伴天連《ばてれん》らに対して、十分に艤装した二隻の大型船《ナウ》を斡旋してもらいたいと願う外、援助を求めるつもりはない。そしてそれらのナウは無償で貰う考えは毛頭なく、代価は言うまでもなく、それらの船に必要なものは一切支払うであろう。（提供されるポルトガルの）航海士たちは熟達の人々であるべきで、彼らには封禄《ほうろく》および銀をとらせるであろう。（中略）シナを征服した暁には、その地のいたるところにキリシタンの教会を建てさせ、シナ人はことごとくキリシタンになるように命ずるであろう。（中略）将来日本人の半ば、もしくは大部分の者がキリシタンになろう」

後段の人々がキリシタンになる話は翌年、バテレン追放令を出した秀吉と同一人物とは思えない言葉であるが、もちろん前段のナウ船を得るための餌に過ぎない。この餌がイエズス会にとってどれほど大きなものであったろうか。そもそも彼らのアジアでの布教の本命は明国であったが、それが頓挫していたのだ。この餌の大きさが前段の重要性を物語っている。当時の日本には大海を渡って軍勢を輸送できる大型の軍船もそれを操れる航海士も存在していなかったのである。

天正十五年（一五八七）、九州征伐に勝利した秀吉は博多でコエリョが調達して回航してきたフスタ船に乗り込んだ。六月十四日のことである。コエリョが回航してきたのは秀吉の期待した大型の軍船であるナウ船ではなかったが、フロイスは秀吉が船内をくまなく巡察し、大変機嫌がよかったと書いている。バテレン追放令が発令されたのが、この五日後の十九日である。この間に何があったのであろうか。いずれにせよ秀吉は軍船の調達を諦めざるを得なくなった。このため、唐入りは直接海路で明に攻め込む計画を放棄して、朝鮮半島に渡って陸路を通って攻め込むことになったのである。

さて、秀吉は唐入りにかけた思いを次のようにも語っている。

「予は、日本史上誰一人として到達したことのない栄誉と名声を後世に残すことを願うからである。仮にシナを征服し終えないで、途中で殪《たお》れることがあろうとも、予の名はつねに残り、不滅の栄誉をもって永遠に記念されるであろう」

この秀吉の言葉に共通する思いを目にした記憶はないであろうか。

「死のふは一定、偲《しの》び草には何をしよぞ、一定語り起こすよの（誰でも死ぬと定まっている。自分を偲んでもらうものとして何を遺そうか。後世の人々はきっと語り起こしてくれるだろう）」。そう、信長が好んで唄った小唄である。まったく同じ思いだ。天下統一という「偲び草」を手に入れた天下人の次に求める「偲び草」が明の征服、唐入りなのだ。

天下人の真の目的

こうしてみると天下人が後世に名を残したいという夢を追うような話が唐入りの本質
に思えてしまう。しかし、その裏には
だ。彼らが身につけていた孫子の兵法
うにしなければならない。フロイスは
次のように書かれている。
「関白の明白で決定的な意向であり、
なんらかの支障をもたらすかも知れぬ
し、それを実現した暁に、日本の諸国
欲する者に分与することであった」
　つまり、唐入りの真の目的は「将来
出兵を決めた後「予は多くの国替えや
った者には、朝鮮やシナで国土を賞与
れている。ここに天下人の巧みな「術
　天下統一によって日本国内には新た
る武将たちへ恩賞が与えられなくな
に励んでも恩賞の土地がないと見れば

に誰かを追放して分配できる土地を確保する手もあるが、処分される家臣が謀反を起こす危険もある。そこで、土地を餌に有力武将を国外へ移封してしまえば、一挙に問題が解決するのだ。

天下人としては実にうまい手である。信長の「日本六十六ヵ国の絶対君主となった暁には、一大艦隊を編制してシナを武力で征服し、諸国を自らの子息たちに分ち与える考えであった」という文も「有力武将をシナに放逐して日本六十六ヵ国を自らの子息たちに分ち与える」と読まねばならないのである。

それでは信長が放逐しようと考えた武将は誰だったのだろうか。

その推理を進めるために秀吉が日本から排除し放逐しようとした武将が誰だったのかを確認しておこう。やはり『日本史』に明確に書かれている。第一次朝鮮出兵が頓挫し、朝鮮半国の割譲などを条件に明との和睦交渉が行われていた頃の話である。

「この朝鮮の戦いに関する関白（秀吉）の意向として感じられることは、朝鮮を占領し、関白職に就任させた自分の甥（秀次）、ならびに彼とともに、日本で己れに叛旗を翻す可能性がある者をすべてかの地に送り出すことであった」

秀吉の第一のターゲットは関白秀次だったのだ。その後、秀次が秀吉の命令で謀反の嫌疑をかけられて切腹させられたことから考えて、それは間違いないことだったろう。

そして、秀次とともに叛旗を翻す可能性のある者とは誰であろうか。フロイスは次のように書いている。

「関白（秀吉）は、朝鮮の半国に日本から渡った人々を居住させ、下《しも》の九ヵ国のすべての殿たち、ならびに山口と九ヵ国の領主である毛利（輝元）その他をかの地に留めしめ、その跡には、自らの家臣を配するつもりでいた」

下の九ヵ国とは九州のことである。つまり、毛利氏に加えて、九州各地を治める松浦・有馬・大村・五島・秋月・島津・伊東・鍋島・黒田・立花・大友・小早川の諸氏を朝鮮へ放逐しようとしていたということだ。家康と並ぶ外様の最大勢力の毛利氏（小早川・吉川両氏含む）、最後まで秀吉に抵抗した薩摩の島津氏、さらにキリシタンの諸大名、そして播磨から豊前へ移封した黒田孝高《よしたか》（官兵衛）を秀吉は危険人物とみていたのだ。

残念ながら信長の唐入りについてのフロイスの記述は大艦隊を編制してシナを征服するという前述の文のみであり、誰を放逐のターゲットにしていたのかは書かれていない。ひとつだけ類推できるとしたら、秀吉の例に倣《なら》って九州へ移封される武将は危険視された人物といえよう。信長は誰かを九州へ移封するには至らずに世を去ったので証明することはできないが、さらに類推を重ねると九州の地名を受領《ずりよう》名とする日向守光秀、筑前守秀吉がその候補者だったのではなかろうか。

唐入りがもたらしたもの

このような天下人の韓非子的といえる目的から生まれた唐入りに対して、果たして武将たちはどのように反応したのであろうか。再びフロイスの『日本史』の記述をみてみよう。

「(秀吉は)諸国の領主を籠絡し服従させた後には、その絶妙な手腕と配慮によって、彼らをシナ征服という企てに駆り立てようと決意した。だが、彼は、日本の諸侯や貴人たちが、もしそのような困難な事業を始めれば、かならずや自らは死に、ふたたび生きて祖国なり領国に戻り得まいと考えて、極度にこの企てを恐れていることを感知した」

秀吉は唐入りを統治の手段として用いようとしたが、武将たちは明に派遣されれば生きて帰れないと恐怖にとらわれていたことが如実に示されている。

「事実、それに伴う困難は、あまりにも明瞭であり、その危険はいとも切迫したものであった。そしてさらにそのような考えを一同に強めさせたのは、日本中が彼に対して叛起する危険があることが明らかに看取できることであった。なぜならば、関白が日本すべての君侯や武将を専制的に支配していることと、彼らを母国、領地、妻子、親族、家臣から離別せしめ、その悦楽を奪い、祖国から放逐し、生きてふたたび帰郷することはほとんど不確実で、まるで眼前の死に向かって直進させるに等しく、明白な危険と災厄《さいやく》に身を曝《さら》させることとでは、くらべものにならないからであった」

「次のような噂が広くひろまった。すなわち、関白はこの事業を結局は成就し得ないであろう、そして朝鮮へ出陣するに先立って、日本中いたるところで大規模な叛乱が惹起《じゃっき》されるだろう、というのである。（中略）事実、日本中に不安と慨嘆が充満し、そのために確か強力な武将がかならずや関白に向かって叛起するに違いないと感じられていた」

　唐入りに対する恐怖が国中に広まり、唐入りを止めるために謀反が起きるであろうと人々は考えていたのだ。しかし、実際は一件のみ、文禄元年（一五九二）の薩摩島津氏の武将梅北国兼《うめきたくにかね》による小規模な反乱しか起きなかった。その理由をフロイスは次のように記している。秀吉は当然のこととして韓非子的な家臣操縦の「術」には長けていたのだ。

「そして、一同はそのように希望し、誰かがそれ（謀反）を実行することを期待していたのであるが、結局は、猫の首に最初の鈴を付けることを自ら名乗り出る鼠は一匹も現れはしなかった。なぜならば一同が関白に対して抱いていた恐怖心はきわめて大きく、もし一人が謀叛を敢行した場合、その者は他の全員からただちに見放されてしまうからで、（中略）諸侯は互いに胸襟を開き、親交を結ぼうというような信頼感をまったく持ち合わせておらず、自分が胸中を打ち明けた相手によって訴えられはしまいかと極度に憂慮して、誰一人として動こうとはしないのである」

武将たちの身動きならない状況が語られている。大坂城に妻子が人質となっていることも当然影響したであろうし、城割《そが》（一国にひとつの城以外は破却する政策）や刀狩によって武将や国人衆の軍事力が削れていたことも影響したであろう。「明主は、そのわれに叛かざるを恃《たの》まず、わが叛くべからざるを恃むなり」（『韓非子』）。秀吉は武将たちが叛けないようにきちんと手を打っておいたのだ。

武将たちが「かならずや自らは死に、ふたたび生きて祖国なり領国に戻り得まい」と懸念した唐入りは慶長三年（一五九八）秀吉の死をもって七年間の戦いを終えた。その間の人的被害についてフロイスは次のように書いている。

「最も信頼でき、かつ正確と思われる情報によれば、兵士と輸送員を含めて十五万人が朝鮮に渡ったと言われている。そのうち三分の一に当たる五万人が死亡した。しかも敵によって殺された者はわずかであり、大部分の者は、まったく、労苦、飢饉、寒気、および疾病によって死亡したのである。朝鮮人の死者については知り得なかったが、死者と捕虜を含め、その数は日本人のそれとは比較にならぬほど厖大であった」

人々の「かならずや自らは死に、ふたたび生きて祖国なり領国に戻り得まい」という恐怖は杞憂ではなかったのだ。秀吉が途中で病没しなければ、あるいは、朝鮮だけではなく中国大陸にまで侵攻していれば死者はもっと増えたであろう。信長の唐入りを知った光秀も同様に考えたことが容易に想像される。

追い込まれた関白秀次

秀吉が関白秀次を国外へ放逐する気になったのはいつからであろうか。秀吉が秀次を邪魔に思うようになったのは秀頼が生まれてからだとされているが、実はその前からであったことが秀吉の秀次宛書状で明らかである。

天正二十年（一五九二）四月十二日、小西行長、宗義智《そうよしとし》らの第一軍約二万が釜山に上陸し、続いて加藤清正の第二軍も上陸して侵攻を開始すると侵攻軍は連戦連勝を続け、五月三日には首都漢城を陥落させた。秀吉はこの報告に喜び、五月十八日に二十五条の覚書を秀次に与えた。

その中で、後陽成《ごようぜい》天皇を翌々年に北京へ移し、北京周辺に十ヵ国を献上し、公家衆にも現在の十倍の封禄を与えること、秀次を中国の関白に任命し百ヵ国を与えることを宣言している。秀頼が生まれる一年四ヵ月も前に秀吉は秀次の明への放逐を考えていたのだ。

フロイスはこの書状を受け取った秀次の反応を次のように『日本史』に書いている。

「関白の甥である新関白秀次は、弱年ながら深く道理と分別をわきまえた人で、謙虚であり、短慮性急ではなく、物事に慎重で思慮深かった。そして平素、良識ある賢明な人物と会談することを好んだ。彼は関白から、多大な妄想と空中の楼閣とも言える、上記のような内容の書状を受理したが、ほとんど意に介することなく、かねてより賢明であったから、既に得ているものを、そのような不確実で疑わしいものと交換しようとは思わなかった。彼は幾つか皮肉を交えた言葉を口外したものの、伯父関白との折合いを保つために、胸襟を開くことなく自制していた」

この文章からは、秀次がいわれているような暗愚な人物ではなかったこと、そして秀次が本心では唐入りに反対であったことが読み取れる。秀吉の意図を理解していたのだ。

この計画は明の援軍の到来によって頓挫して実現しなかったが、明との講和条件に朝鮮半国の割譲を求めた秀吉は諦めたわけではなかった。フロイスが次のように書いた通り、今度は秀次を朝鮮へ放逐しようと考えたのだ。「朝鮮を占領し、関白職に就任させた自分の甥（秀次）、ならびに彼とともに、日本で己れに叛旗を翻す可能性がある者をすべてかの地に送り出すことであった」

そして、明と講和交渉中の文禄四年（一五九五）一月、秀吉は翌年、秀次が唐入りの前線基地である肥前名護屋城へ動座するための準備を朝鮮に在陣する吉川広家と島津義弘へ命じた。いよいよ実現に向けて具体的な動きが始まった。秀次が高野山へ追放され、切腹を命じられたのが、この半年後の七月である。その間に何があったのであろうか。

この四月に秀次の十七歳になる末弟の大和郡山城主秀保が病死した。三年前の文禄元年（一五九二）には朝鮮の巨済島《きょさいとう》に在陣していた次弟秀勝も二十四歳で病死しており、秀次は二人の弟を相次いで亡くした。二十八歳の秀次にとっての精神的打撃はどうであったろうか。

秀次切腹の二週間前の六月二十日、豊臣家の番医である曲直瀬玄朔《まなせげんさく》が秀次を往診している。玄朔は二年前の文禄二年九月から十月にかけて秀次が伊豆の熱海に湯治療養していたときに喘息《ぜんそく》の悪化で急遽呼び付けられている。このとき秀次は「ストレスによる気の停滞、いわゆる気の病（鬱《うつ》）」であったと玄朔のカルテである『医学天正記』に書かれている（宮本義己著「豊臣政権における太閤と関白」）。六月二十日に秀次専属の侍医ではなく、豊臣家番医の玄朔がわざわざ呼ばれたということは、この鬱が再発したのであろう。

そして、この同じ時期に後陽成天皇も鬱で玄朔の治療を受けている。六月十七日から七月十日にかけてである（宮本義己著「豊臣政権の番医」）。二十五歳の天皇と二十八歳の関白がともに精神的に追い詰められていることがあったとしたら、それは唐入りによる異国への放逐というプレッシャーゆえであったろう。天皇や公家たちも秀吉の当初の計画では明へ送り込まれることになっていたのだ。

こうして、玄朔が同時期に秀次と天皇の両方を往診して二人の間を行き来したことによって、秀吉は秀次が朝廷と謀反を画策し、玄朔がその連絡役として聚楽第と御所の間を行き来していると嫌疑をかけたのであろう。玄朔が秀次事件への連座を問われて常陸国（現在の茨城県）へ流罪となったことがこれを裏付けている。

秀次は文禄四年七月十五日に切腹を命じられた。秀次の小姓・家臣二十名近くが切腹し、武将だけでなく公家の菊亭晴季《はるすえ》、連歌《れんが》師の里村紹巴《さとむらじようは》など秀次と交流の深かった公家・文化人も流罪などに処せられた。それだけでなく、秀次の側室・子など四十名近くが三条河原で処刑された。側室の中には菊亭晴季の娘もいた。秀吉による謀反人に対する厳しい処罰である。当然、予防刑としての「見せしめ効果」も狙ったのだ。『尉繚《うつりよう》子《し》』の説く「ただ一人を処刑することによって全軍が震え上がり軍紀が緊張するとみれば、ためらうことなく処刑すべきだ。処刑される人間は大物であればあるほど効果があがる」の典型である。このような悲惨な結果をみれば誰も謀反のリスクは冒さなくなるに違いない。

信長のレコンキスタ

秀吉の唐入りに学んだ知識をもって信長の唐入りを見直してみよう。

信長はゆくゆく国内を三人の息子たちに分割統治させ、有力武将たちは明征服に派遣し、その地に領地を与える構想を描いた。いずれ国内には恩賞として与える領地がなくなり、家臣への統制力が弱まることを見越して合理的に判断した結果である。加えて、先々織田家にとって危険な存在となる有力武将たちを国外へ送り出すことによって、国内で謀反が起きる芽を摘むことが秘められた狙いであった。天下統一という「偲び草」を手に入れた信長にとって、中国征服という新たな「偲び草」はまたとなく好都合なものであったろう。

信長はどのようにして唐入りという着想を得たのであろうか。おそらく当時の日本で唐入りという着想を得て、実行しようと考えた人物は信長ただ一人だったのではなかろうか。正に「愚者は成事《せいじ》に闇《くら》く、智者は未萌《みほう》に見る」の好例である。フロイスの明確な証言があっても、信長が本気で唐入りを考えていたとは思わない現代人が多いのはそのせいであろう。しかし、孫子のいうように「誰もが考えつくような作戦は最善ではない」のだ。

日本史の戦国時代が世界史の大航海時代であったことに着眼すれば、信長が何に学んで唐入りを着想したかが見えてくる。

日本の戦国時代は明応二年（一四九三）に起きた明応の政変に始まるとされる。この政変は足利幕府の実権を握る管領《かんれい》の細川政元が将軍足利義材《よしき》を廃して義澄《よしずみ》を新将軍に擁立したものだ。明応の政変以後、将軍家・細川氏・三好氏が複雑にからんだ権力闘争が繰り広げられて戦乱が続き、実にめまぐるしく中央政権の支配者が入れ替わった。各地に守護大名を任命した足利幕府の統治力は当然のこととして弱体化し、地方の自治権が強化され、守護大名が下剋上によって武力で実権を握る戦国大名へと置き換わっていった。

このような日本の状況に対して世界では大きな変化が起きていた。明応の政変の前年、一四九二年は世界史で画期を成す事件が起きている。コロンブスのアメリカ大陸発見、つまり西インド諸島到達である。この年、スペインの八百年近くに及ぶ国内のイスラム勢力との戦いであるレコンキスタ（国土再征服）が完了した。グラナダ王国を陥落させて最後のイスラム勢力をイベリア半島から駆逐したのである。ここからスペインの大航海時代が始まった。

二年後の一四九四年、スペインとポルトガルはトルデシリャス条約を締結し、世界の支配地域を二分することに合意した。一足早く海外進出を進めていたポルトガルはアフリカ南端の喜望峰を回って東回りに、スペインは大西洋を渡って西回りで拡大していくことになる。

ポルトガルは一五〇七年に東アフリカのモザンビーク、一五一〇年にインドのゴア、翌年にマレー半島南西部のマラッカを占領して交易拠点とし、飛び石伝いに中国まで交易ルートを延ばした。そして、一五五七年には明のマカオに要塞を建設し、そこを拠点に日本・明・ポルトガル間の貿易を始めていた。

これに対してスペインはレコンキスタの戦いによって国内に充満した軍事エネルギーを海外征服へ向けて放出した。コンキスタドール（征服者）と呼ばれる軍人たちが船団を組織してアメリカ大陸に渡り、その地を軍事征服して西へ西へと植民地を拡大していったのだ。

一五〇八年に中央アメリカのプエルトリコ征服が始まり、パナマ、キューバ、メキシコへと広がり、一五二一年にはコルテスがアステカ王国を征服した。中央アメリカの征服はニカラグア、グアテマラ、エルサルバドルなどへ拡大し、さらに一五三三年にはピサロが南アメリカ大陸西部のインカ帝国を征服すると、ポルトガルが植民地化したブラジルを除く南アメリカ全体へと拡大していった。

さらに太平洋を渡ってフィリピンに至り、信長が比叡山焼討を行った元亀二年（一五七一）にはマニラ市を建設してフィリピンをほぼ占領した。二年後にはマニラとメキシコのアカプルコの間に太平洋横断の定期船が運行されるようになっていた。

信長の天下統一の戦いは国内・国外のこのような状況の中で進められていた。国内の外国勢力との戦いであったレコンキスタとは異なるが、中央集権が崩された分立国家群が再び中央集権のひとつの国家に統一される戦いとみるとレコンキスタと類似している。天下統一の戦いは信長のレコンキスタといってもよいのかもしれない。信長のレコンキスタによって国内には膨大な軍事エネルギーが充満していた。そして、レコンキスタを成し遂げようとしていた信長の前に現れたのが、レコンキスタ後の海外征服というスペインの手本だった。

イエズス会がもたらしたもの

スペインの海外征服の知識を信長に与えたのは誰か。それは間違いなくイエズス会である。

天正八年（一五八〇）、イエズス会宣教師オルガンティーノの訪問を受けた信長は彼の持参した地球儀に関心を持ち、いろいろと質問した。オルガンティーノがヨーロッパから日本へどうやって来たのか説明を求め、話を聞いて非常に驚き、その勇気と強い心を称賛したと『イエズス会日本年報』に書かれている。

信長はオルガンティーノの説明にすっかり納得して満足したとのことなので、世界が球体で広大なものであること、その中で日本の存在が小さなものであること、ヨーロッパ人が海を渡って驚くほど遠くまで来たこと、そして海路を長距離移動できる手段を持っていることをよく理解したのだ。地球の球体の表面からなぜ人が落ちないのか、という誰もが幼い頃に抱いた疑問に、オルガンティーノはどのように答え、信長はどのように納得できたのであろうか。ニュートンが万有引力を発見する百年近く前のことである。

オルガンティーノがスペインの海外征服について説明したとは書かれていないが、信長は三時間も話を聞いたのち、別の機会に再びオルガンティーノを招いて話を聞きたいと申し入れている。この日、彼が得た情報がとてつもなく重要なものだったことを物語っている。それが唐入りにつながる情報だったのではなかろうか。スペインから大西洋を渡ってコンキスタドールたちがアメリカ大陸へ乗り込んでいったことと比べれば、日本から東シナ海を渡って中国大陸へ乗り込むことははるかに容易なことだ。それまで考えてもみなかったことが突如実現可能なこととして目の前に現れたのだ。信長は「未萌に見た」。

この年の八月、信長が佐久間信盛に書いた折檻状の第十条には佐久間信盛が「一天下の面目を失ったことは唐・高麗・南蛮までも知れ渡った」と書かれている。それまでの日本の知識では日本・唐・天竺（インド）が世界であり、「三国一」という言葉で世界一であることを表した。『信長公記《しんちょうこうき》』にも「三国に隠れなき名物」という言葉がある。『信長公記』に「唐・高麗・南蛮」という言葉が書かれたのは、この信長の折檻状が初めてだ。この時点で、信長にとっての世界が日本及び「唐・天竺」から「南蛮」へと広がったことを示している。南蛮とはタイやカンボジアのような南方の国々を指す言葉であるが、同じように南方からやってきたポルトガルなどのヨーロッパも南蛮と呼ばれていた。

こうした下地の上にポルトガル本国から派遣された巡察師ヴァリニャーノが上洛した。ヴァリニャーノは東アジア地区でのイエズス会の布教活動強化のために派遣されてきたのだ。この上洛にフロイスも通訳として同行した。

ヴァリニャーノ一行は天正九年（一五八一）二月に九州から京都に上り、信長に謁見した。ヴァリニャーノは本国から持参した時計や切子《きりこ》硝子《がらす》などを信長に贈った。信長は大いに喜び、巡察師の身分やヨーロッパからの航路などを長時間にわたって尋ねたと『イエズス会日本年報』に書かれている。オルガンティーノの場合もそうであったが、信長は彼らの航海についての情報が欲しかったのだ。

その五日後、信長はヴァリニャーノ一行を光秀が奉行した馬揃えに招待した。正親町《おおぎまち》天皇も臨席する式典に招待するという最大級の歓迎だった。信長は巡察師ヴァリニャーノが単なる宣教師ではなく、アジア地区の統括責任者であり、イエズス会を代表する大使でもあると認識していたのである。

そして三月に入ると、安土に戻った信長を追うようにヴァリニャーノ一行も安土に向かった。彼らは七月まで安土に滞在して信長から歓待を受け、信長とは少なくとも四回は会った記録が残っている。このとき、いわばイエズス会の政府高官であるヴァリニャーノと信長は、国家戦略について話し合ったに違いない。なぜなら、それが天下統一後に向けた信長の最大の関心事だったからだ。

唐入りを成功させるためには大きな課題があった。日本には東シナ海を渡って大軍を中国大陸へ送り込む大型軍船もそれを操れる航海士も存在しなかったのである。信長はイエズス会を通じてポルトガルからの支援を期待したのであろう。そして、日本と同様に明においても布教を許す条件でイエズス会に協力を求めるといった外交を行ったと思われる。秀吉が十年後にイエズス会と軍船調達の交渉をしたのとまったく同じようにである。

こうして、信長の口から唐入りの構想がヴァリニャーノに語られ、フロイスは通訳としてこの話を聞いて書き残したのだ。

国内にこの記録が残っていないのは、武将たちがこの話を知らなかったからではなかろう。フロイスと親しい高山右近らのキリシタン大名の口を通じて一部に情報は流れたであろう。彼らには衝撃的な話であり、彼らなりに先々への警戒心を抱いたものと思われる。もちろん光秀とて同様だ。百年近く続いている戦国の世を終わらせて平和な時代を築きたいという思いで信長を支えてきた武将たちが、天下統一が戦いの終わりではなく、その先に見知らぬ異国での戦いが待っていることを知ったときの衝撃はどうであろうか。後年、秀吉が朝鮮出兵を決めた際のフロイス『日本史』の記述からも推測できる。人々は死地に追いやられることになる唐入りに加わることを嫌い、強力な武将が謀反を起こすに違いないと思ったと書かれている。それほどの衝撃を人々に与える話だったのだ。

結局、信長のこの構想が本能寺の変を引き起こす原因になったことから、事情を知る人々は逆に書き残さなかったと考えられる。何しろ秀吉が、本能寺の変は光秀の天下取りの野望と、信長への個人的恨みによるものだと声高に公式発表していたからだ。とにかく天下人秀吉が次の時代を支配したのだ。

信長の政策が招いた謀反

光秀はもう若くはない。『当代記』には、光秀の享年は六十七と書かれている。一方、嫡男光慶《みつよし》の年齢はフロイスの書いた『イエズス会日本年報』に十三歳と書かれている。これが正確な年齢かどうかははっきりしないが、概ねそのような年齢だったのだろう。本人が高齢で嫡男が弱年だった光秀は、子の代の一族の生き残りと繁栄に人一倍心を砕いていたであろう。

織田政権では余所《よそ》者の光秀にとって、同じ土岐一族であり家臣でもある石谷頼辰《いしがいよりとき》の妹の嫁ぎ先長曽我部氏には将来の心強い同盟者として期待していたであろう。その長曽我部氏が滅亡の危機に瀕していた。

そしてさらに、遅かれ早かれ近江・丹波の領地を召し上げられて、遠国へと移封されることも明らかだった。光秀の領地が最後まで近国に残っていたということは、光秀がいかに信長の信頼が厚かったかの証明でもあるが、織田家の長期政権構想のもとでは、光秀の領地没収と遠国への移封は既定路線だったのだ。信長の腹心として仕えた光秀にはよくわかっていたことだ。

遠国への移封は光秀が苦労して築き上げてきた家臣団の分断・弱体化を意味する。一族・譜代の家臣は光秀に随行して新しい領地へ移り、近江衆や丹波衆は地元に残り、新たな領主に仕えることになる。

光秀自身は丹波領有の経験から新たな領地の国人たちを自分の家臣団に融合していくことが並大抵でないことも知っていた。丹波でも敵として侵略してきて戦った相手である光秀を快く受け入れることはなかったであろう。親兄弟や親族を殺された者も多かったのだ。果たして弱体化した自分の家臣団を抱えて、新しい領地をうまく治めていくことができるのか。自分の代で課題を乗り越えるには時間不足であること、引き継ぎの危うさを重々考えたことであろう。

光秀と信長の間にあった信頼関係を、嫡男光慶と信長の嫡男信忠の間に再形成できるかどうかも大きな不安だった。何とか自分の代では信頼を保つことができたとしても、息子の代には危機が訪れるだろう。そのときになってはもう自分では子を助けることができない。自分が生きているうちに何とかしなければと光秀は悩んだ。

そんなときに知った信長の唐入り。青天の霹靂《へきれき》だったに違いない。信長を支えて天下統一すれば平和な世になると信じて東奔西走、粉骨砕身してきた。もう少しでそれが実現できると思ったのに、まだ戦い続けねばならない。しかも、大海を渡って、見たこともない異国の地で戦うことになる。それは自分ではなく子供たちであろう。子の代には一族は異国に放り出されて間違いなく滅亡してしまう。

確実に動き出してしまった信長の天下統一の歯車をどこかで止めないといずれ一族が滅亡する。一族の弱体化が始まる前に、できるだけ早く止めねばならない。長曽我部征伐から始まり、遠国への移封が続き、そして最後は中国大陸へ。この流れを何としても止めねばならなかったのである。これが光秀の謀反の動機であった。

読者が光秀の立場で自分亡き後の一族の生存に対して責任を果たそうとしたならば、どこで謀反を決断するであろうか。子の代に支えてくれるはずの強力な同盟者長曽我部氏の滅亡であろうか、遠国への移封による一族郎党の弱体化であろうか、それとも唐入りによる中国大陸への放逐であろうか。動機となる複数の要因がからんで、その総合した危機感がある閾値《いきち》を超えると決断へと至るものである。人それぞれに閾値の限界は異なるので判断は異なるかもしれない。しかし、出陣した軍勢が全滅しかねない唐入りによる一族滅亡の危機にまで至れば、多くの人が閾値を超すのではなかろうか。

五月二十四日、光秀は愛宕《あたご》山で戦勝祈願のための連歌会を催した。愛宕百韻と呼ばれる連歌の発句《ほっく》（初めの句）を光秀は「時は今あめが下なる五月かな」と詠んだ。「土岐氏は今五月雨に叩かれているような苦境にある五月だ。六月にはこの苦境から脱したい」という一族救済の思いを込めた祈願である。挙句（最後の句）は嫡男の光慶が「国々はなお長閑《のどか》なるとき」と詠んだ。発句に込めた祈願がかなって「土岐氏の栄えた安寧な時代に戻りたい」という思いが詠み込まれている。百年も続く戦国の世を終わらせて、一族の繁栄と安寧を取り戻したいという光秀の切なる祈願が込められていたのだ。

第七章　なぜ本能寺で討たれたか

謀反成功に必要な五条件

従来の本能寺の変研究は光秀が謀反に及んだ動機論に終始し、謀反の実行プロセスの解明はほとんど行われてこなかった。光秀が信長や信忠を討てたのは信長が油断し、天正十年（一五八二）六月二日の本能寺に軍事空白が生じたからであり、光秀は「偶然・幸運」にもこの機会を得て、謀反を思い立ったとされている。そのため準備も不十分で「無策・無謀」な行為だったため、味方もないまま中国大返しを行った秀吉に敗れて滅亡したという理解である。

現代に起きている犯罪を考えてみていただきたい。動機があれば犯罪が行われるであろうか。そうではない。犯罪が露見した場合の罰を恐れたり、成功させる見込みが立たなかったりで実行に至らない、つまり、思いとどまるケースの方がはるかに多いはずだ。

光秀が謀反の実行に踏み切ったということは成功の見込みが立ったということだ。謀反を成功できる実行計画が立案できたのだ。この計画がいかなるもので、どのように実行されたのかを解明しなければ本能寺の変を解明したことにはならない。現代の犯罪捜査が動機の解明だけでは立件に至らないのと同じだ。

それでは、信長が本能寺で討たれるに至ったプロセスを明らかにしてみよう。

光秀は唐入りに向けて動き出した歯車をどこかで止めねばならない、そのためには謀反を起こすしかないと思い詰めた。しかし、謀反成功の目算は立たなかったはずだ。なぜならば、謀反を成功させるためには、まず謀反の初動で次の五つの条件を成立させねばならないが、それができなかったのである。

一　信長討ち

当然のことであるが信長の討ち漏らしは絶対に許されない。しかし、信長を討っただけでは謀反成功とはならない。従来見落とされていたことだが、残りの四つの条件が必要だ。

二　信忠討ち

織田弾正忠《だんじょうちゅう》家の家督を相続し、美濃・尾張・甲斐・信濃などの織田軍主力の指揮権を持つ信忠も討たねばならない。信忠を討たなければ織田軍の指揮能力を弱めることができないので、信長討ちと同様に必須の条件であった。

三　近国織田軍制圧

近江・美濃・尾張・伊勢・伊賀に在陣する近国の織田軍を制圧すること、そのためにも安土城を占拠することが必須の条件であった。

四　東国織田軍制圧

武田氏を滅ぼして甲斐・信濃・上野《こうずけ》・飛騨に進駐している東国の織田軍も制圧しなければならなかった。

五　徳川軍抑制

信長に仕える有力武将のうち、柴田勝家、羽柴秀吉はそれぞれ上杉氏、毛利氏と対峙しており、しばらくは身動きがとれない。徳川家康は対峙する敵を有しておらず、自由に軍勢を動かすことができる。徳川領の三河に国境を接する尾張・美濃へと攻め込むことは容易だ。この動きを封じなければならない。

この五つの条件を短期間に整えれば様子を見ていた武将たちも勝ち馬に乗ろうとして必ず味方に付く。長引けば上杉攻めの柴田勝家、毛利攻めの羽柴秀吉が引き返してきて織田軍に合流する。その前に何としてもこの五つを片付けておかねばならない。

しかし、名案は見付からなかったに違いない。なぜならば、信長は安土、信忠は岐阜にいて警戒厳重で近づくのも難しい。東国織田軍は近国織田軍を制圧してからでなければ地理的に攻撃すらできない。むしろ近国織田軍に合流して強大な軍勢に膨れ上がる。

徳川軍もしかりである。

唯一、条件を整えられそうなのは近国織田軍の制圧である。ただし、そのためには光秀の軍勢だけでは足りず、細川藤孝・筒井順慶の加勢を得ることは不可欠だ。

本能寺の変から遡ること八十日前の三月十一日、武田勝頼が自害し武田氏は滅亡した。もし、それ以前であれば武田勝頼と手を結んで近国織田軍を挟み撃ちにして制圧できたし、徳川軍の抑制もできたかもしれない。信長と信忠をどのようにして討つかは別にすれば、はるかに条件が良かった。

光秀もそう判断したと思われる証言がある。『甲陽軍鑑』に「二月に光秀が謀反を起こすので協力してもらいたいと申し入れてきたが武田勝頼は謀略であろうと思って無視した」と書かれている。

この『甲陽軍鑑』という書は明治二十四年（一八九一）に書かれた田中義成著「甲陽軍鑑考」で偽書と認定され、それが定説となっていた。一九九〇年代から見直しの研究が進み、現在では山本勘助がらみの記述には創作が多いが、それ以外の部分は武田勝頼に仕えた高坂弾正《こうさかだんじょう》の口述を甥の春日惣次郎らが筆記し、弾正の死後は春日らが書き継いだもので信憑性が高いと再評価されている。長曽我部元親《ちょうそかべもとちか》が光秀の説得を拒否し、長曽我部征伐が不可避となったのが一月である。そこで謀反を差し急いだ光秀が二月に勝頼との連携を模索したのは辻褄が合う。

いずれにせよ、武田氏の滅亡によって光秀の謀反成功の可能性がはるかに遠のいたことは確かだ。それではなぜ謀反に踏み切ったのであろうか。生存合理性を追求した武将が「無策・無謀」で謀反に飛躍するということはあり得ない。五つの条件のすべてが整う何かが起きたとしか考えられない。光秀にとっては千載一遇のチャンスがやってきたのだ。光秀は謀反成功の目算が立ったので謀反へ踏み切った。そうでなければ失敗すれば一族が滅亡する謀反に踏み切ることなどできない。このチャンスを逃したら、もう二度とチャンスは訪れない。正に「時は今」と光秀は謀反を決断したのだ。

そのようなチャンスとはいったい何であったろうか。結果をみれば信長も信忠も手薄な状況で京都にいたことにより討ち取れた。条件一「信長討ち」と条件二「信忠討ち」は実現したのだ。その後、安土城も占拠して近江・美濃・尾張の制圧は進みつつあった。細川・筒井の加勢があれば条件三「近国織田軍制圧」までは確かに実現しそうだったのである。

そして意外にも、残りの条件四「東国織田軍制圧」と条件五「徳川軍抑制」も実現しかけていたのである。

本能寺の変勃発後、東国織田軍は混乱を極め、とても近国織田軍に加勢する状況ではなかった。しかも、六月十八日、甲斐の領主河尻秀隆《かわじりひでたか》が一揆勢に殺害されたことによって甲斐の織田軍は完全に崩壊してしまったのだ。条件四はこうして整った。一方、堺を脱出して三河まで帰り着いた家康はなかなか出陣せず、ようやく岡崎城を出陣したのが山崎の合戦で光秀が敗れた翌日の六月十四日である（『家忠日記』）。条件五もある程度は整っていたのだ。

もし、秀吉の中国大返しが遅れていれば光秀には五つの条件がすべて整った可能性が高かったのである。この史実が従来の本能寺の変研究では見落とされてきた。光秀は何らかのチャンスを摑んだのだ。光秀には謀反成功の目算が立っていた。本能寺の変に至る信長・光秀の行動の中にそれを可能にした何かが見出せるのではなかろうか。

そこで、本能寺の変の少し前からの関係者の証言を洗い出して、光秀の摑んだチャンスが何であったのかを探り出してみよう。関係者の証言を突き合わせると九つの疑問が浮かび上がる。この疑問がすべて解けるもの、それが光秀の摑んだチャンスである。

「愚者は成事《せいじ》に闇《くら》く、智者は未萌《みほう》に見る」という。表に現れた行動だけでなく、その裏に潜んでいる何かを見逃さないように、読者にも注意深く、感度を高めて二人の行動を追っていただきたい。その際には、信長も光秀も「孫呉兵術に慣るるのみにあらず、況《いわん》や良平の謀諮《ぼうし》を挫《くじ》く」人物であったことはくれぐれも忘れないでいただきたい。

前日までの出来事の証言

『信長公記《しんちょうこうき》』には信長の二月九日付で発した命令が書かれている。「大和の筒井順慶、丹後の細川藤孝の息子忠興、明智光秀らは出陣の準備をすること」という、信長の武田攻めへの随行命令である。加えて「三好康長は四国へ出陣すべきこと、秀吉は中国へ宛て置くこと」など長曽我部征伐や毛利攻めなどの命令も書かれており、天正十年（一五八二）の戦いの総合的な命令書になっている。

信長が光秀・忠興・順慶らを引き連れて安土を出立して武田攻めのために木曽路へ向かったのは、勝利が既に確定した三月五日である。信長の命令書には「遠路の出陣のため軍勢は少なく召し連れること」と書かれており、信長自身の出陣は戦をするためではなかったことを示している。まず、この日を起点として天正十年三月以降の行動を関係者の証言をもとに時間順にみていこう。

【武田攻め出陣についての信長自身の証言】

吾々出馬は専無く候へども、連々《れんれん》関東見物の望みに候《そうろう》。（我々の武田攻めの出馬はいたしかたないが、ずっと関東見物が望みであったのだ）（『織田信長文書の研究』所収「三月八日付柴田勝家宛書状」）

【知行割についての太田牛一の証言】

三月十四日、信長は信濃に入り浪合で武田勝頼の首を実検。三月十九日諏訪の法華寺に陣を据える。三月二十三日、滝川一益《かずます》を召し寄せて、上野国と信濃二郡を与え、歳をとって遠国へ遣わすのは気の毒だがと言葉を添えて関東八州の警固を命じた。

二十九日、知行の割り付けを発表した。甲斐は穴山梅雪《あなやまばいせつ》の旧領は安堵し、その所領を除いて河尻秀隆、駿河は家康、信濃は森長可《ながよし》、木曽義昌、毛利長秀らへ分ち与えた。（『信長公記』）

【関東見物についての太田牛一の証言】

三月二十八日、信長は諏訪から富士の麓を通って、駿河・遠江を回って帰るので、兵は先に帰して幹部だけが随行するようにと命じた。

四月十日に甲府を発って帰路に就き、十二日に富士山見物をして駿河の大宮へ、十三日・富士川を越えて江尻城、十四日・安倍川を越えて田中城、十五日・掛川、十六日・天竜川を越えて浜松、十七日・三河の吉田、十八日・三河の池鯉鮒《ちりふ》（知立）、十九日・尾張の清須、二十日・岐阜に宿泊して、二十一日に安土城に戻った。（『信長公記』）

【関東見物についての春日惣次郎の証言】

信長は甲州の柏坂を越し、「駿河を一見したい」と言ったので、同行していた公家の近衛《このえ》前久《さきひさ》が自分も同行しようとおっしゃった。信長は馬上から「わごりょなどは木曽路を行かれよ」と言い渡した。（『甲陽軍鑑』）

（注）「柏坂」は甲府から富士五湖方面へ抜ける道の途中の迦葉《かよう》坂。「わごりょ」とは我御料が転化したもので、同等もしくは目下の相手に対して親しみを込めていう言葉。朝廷黒幕説では信長が公家の前久に対して暴言を吐いたとしているが、暴言とはいえない。

【長曽我部征伐についての信長自身の証言】

信孝に讃岐、三好康長に阿波を与える。残り二ヵ国の土佐・伊予は淡路島に到着したときに沙汰する。（『織田信長文書の研究』所収「織田信孝宛五月七日付朱印状」）

【長曽我部征伐についての太田牛一の証言】

信長は阿波国を織田信孝に与えた。信孝は出陣して五月十一日に住吉へ到着。四国渡海のための船の手配を命じ、用意半ばであった。（『信長公記』）

【長曽我部征伐についての元親側近・高島正重の証言】

信孝殿は、既に岸和田まで出陣していたという。斎藤利三《としみつ》は四国のことを気づかってか、明智謀反の戦いを差し急いだ。（『元親記』）

【家康饗応についてのフロイスの証言】

家康饗応の催し事の準備について、信長は安土城のある密室において明智と語っていたが、元来、逆上しやすく、自らの命令に対して反対意見を言われることに堪えられない性質であったので、人々が語るところによれば、信長の好みに合わぬ要件で、明智が言葉を返すと、信長は立ち上がり、怒りを込め、一度か二度、明智を足蹴にしたということである。だが、それは密かになされたことであり、二人だけの間での出来事だったので、後々まで民衆の噂に残ることはなかった。（『日本史』）

【家康饗応についての太田牛一の証言】

五月十四日、家康と穴山梅雪が安土訪問のため近江の番場に到着。家康は駿河を拝領し、梅雪は本領安堵された御礼のためで、信長は丁重に接待すべきと指示した。番場では丹羽長秀が一泊の接待をした。織田信忠が上洛の途中に番場に立ち寄り休息したので、長秀が一献進上した。信忠はその日安土まで行った。

五月十五日、家康は番場を発ち、安土に到着。接待は光秀に命じられた。京都・堺にて珍しい物を調達し、十七日までの三日間、大変結構な振る舞いだった。（『信長公記』）

【備中《びっちゅう》出陣についての太田牛一の証言】

備中の羽柴秀吉が高松城を水攻めにしていたところ、毛利・吉川・小早川の軍勢が押し寄せて対陣した。これを聞いた信長はこの機会に出陣して中国、さらに九州までも平定すると宣言して、堀秀政を秀吉のところへ派遣して指示を与え、光秀、細川忠興、池田恒興、塩河吉大夫、高山右近、中川清秀を先陣として出陣するよう準備させた。十七日、光秀は坂本城に帰り、同様に他の武将たちも国へ帰った。（『信長公記』）

【備中出陣についての秀吉の証言】

毛利攻めについて信長の上意を得たところ、早急な合戦は避けよと命令があり、堀秀政に池田恒興・中川清秀・高山右近らを追加派遣することになった。信長は信忠を伴って上洛。さらに、光秀を軍使として、早々に着陣させて、秀吉と相談させ、その作戦次第では信長が出陣する旨を厳重に命じてきた。（『惟任退治記《これとうたいじき》』）

【堺遊覧についての太田牛一の証言】

五月二十日、安土城の惣見寺に家康・梅雪らを招いて舞・能を見せた。幸若大夫の能は出来が良かったが、梅若大夫の能が不出来だったので、信長は怒って梅若大夫をきつく叱責した。代わりに舞わせた幸若大夫の舞は優れた出来で信長の機嫌も直った。

高雲寺御殿で家康・梅雪・石川数正《かずまさ》・酒井忠次、その他の家老衆に食事を振る舞い、信長自身が膳を据え、恭《うやうや》しき様子がひとかたならなかった。家康と伴の衆を残らず安土城へ招き、帷子《かたびら》を与えて歓待した。

五月二十一日、信長は家康に京都・大坂・奈良・堺を心安らかに見物するようにと命じ、案内者として長谷川秀一を同行させ、織田信澄・丹羽長秀には大坂で接待するように申し付けた。（『信長公記』）

【信長上洛についての織田信忠の証言】

信長が一両日中に安土を発進すると聞き及んだので、堺見物を取りやめて信長を京都で出迎えることにする。その旨を信長に許可を得て回答願いたい。詳しいことは使者が口上で述べる。なお、家康一行は明日大坂・堺へ向かう。（『織田信長文書の研究』所収「五月二十七日付森乱丸宛書状」）

【信長上洛についての太田牛一の証言】

五月二十九日、信長公上洛。安土城の留守役には本丸に津田源十郎ら、二の丸に蒲生賢秀《がもうかたひで》らを命じた。小姓衆二、三十人召し連れて上洛。直ちに中国へ出陣すべく用意し、知らせがあり次第出陣せよとの旨、お触れにて、今度は、御伴これなし。(『信長公記』)

【備中出陣についての公家勧修寺晴豊《かじゆうじはるとよ》の証言】

西国への軍勢派遣は四日に出陣させるつもりで、大した造作はなかろうとのことだ。(『日々記』天正十年六月一日条)

当日の出来事の証言

【光秀出陣についての太田牛一の証言】

六月一日、夜に亀山にて光秀は謀反を企て、明智秀満、明智次右衛門、藤田伝五、斎藤利三らと談合し信長を討って天下の主となるべく段取りを打合せた。老の山から京へ行く道に下り、桂川を越して、明け方になった。(『信長公記』)

【本能寺襲撃についてのフロイスの証言】

都に入る前に兵士たちに対し、彼はいかに立派な軍勢を率いて毛利との戦争に出陣するかを信長に一目見せたいからとて、全軍に火縄銃に銃弾を装填し火縄をセルペ

（火挟み）に置いたまま待機しているように命じた。（中略）兵士たちはかような動きがいったい何のためであるか訝り始め、おそらく光秀は信長の命に基づいて、家康を殺すつもりであろうと考えた。（『日本史』）

【本能寺襲撃についての光秀の兵の証言】

本能寺に討ち入ったときに信長を殺すとは夢にも思っていなかった。備中の秀吉を助けに行くとのことだったが、思いのほか京へ行くと言われた。我等は折から家康が上洛していたので家康を討ちにいくものとばかり思った。（『本城惣右衛門覚書』）

【信長の最期についての秀吉の証言】

光秀は途中に控え、明智弥平次光遠（秀満）・同勝兵衛（溝尾勝兵衛）・同治右衛門・同孫十郎・斎藤利三を頭として四方に人数を分けて本能寺を取り巻いた。（中略）信長は夜討ちと聞き、森蘭丸（乱丸）を召して問うと光秀の謀反とのこと。「怨みをもって恩に報いる前例がないわけではない、生ある者は必ず滅する、今さら何を驚くものか」と言って弓をとり広縁に出て五、六人射伏せた後、十文字の鎌を持ち数名を倒し、門外へ追い散らし、数ヵ所の傷を蒙って引き入った。（中略）将軍（信長）、この頃、春の花か秋の月かともてあそんだ美女を悉《ことごと》く刺し殺し、御殿に自ら火をかけて切腹した。（『惟任退治記』）

【信長の最期についての太田牛一の証言】

本能寺を取りまいた軍勢が四方から攻め入った。信長も小姓衆も下々の者どもの喧嘩と思ったが、ときの声を上げて御殿へ鉄砲を打ちいれてきた。「これは謀反か、如何なる者の企てか」と聞き森乱丸が「明智が者と見え申し候」と申し上げると「是非に及ばず」と命じ、透《す》きを空けずに御殿へ乗り入れて戦った。

信長は初めに弓を取って二、三の矢を射たが弓の弦が切れ、その後、槍《やり》で戦った。肘《ひじ》に槍疵を負ったので引き退いた。それまで側に女どもがつきそっていたが、「女はくるしからず、急ぎ罷り出でよ」と言って追い出した。既に御殿に火をかけ焼けてきたので、殿中深く入り、納戸の口を引き立て、腹を切った。(『信長公記』)

(注)「是非に及ばず」は「仕方ない」という意味ではない。なぜならば、「下知(命令)」として発した言葉であり、すぐさま戦闘を開始しているからだ。「光秀かどうか確認無用。光秀の謀反に間違いない」という意味である。

【信長の最期についての家康家臣大久保彦左衛門の証言】

光秀は急に裏切って、丹波より夜襲をかけ、本能寺へ押し寄せ、信長に腹を切らせた。信長も表に出て「城之介が別心か(信忠の裏切りか)」と言うと、森乱丸が「明智の裏切りのようです」と答えた。「うん、明智の変心か」とおっしゃっているところに、明智の配下の者に、一槍つかれると、奥に引っ込まれた。（『三河物語』）

【信長の最期についてのスペイン人商人アビラ・ヒロンの証言】

信長は明智が自分を包囲している次第を知らされると、何でも噂によると、口に指をあてて、「余は余自ら死を招いたな」と言ったということである。（『日本王国記』）

【信忠襲撃についての太田牛一の証言】

光秀が本能寺を襲撃していることを聞いた信忠は妙覚寺を出て本能寺へ向かおうとしたところ、京都所司代村井貞勝父子三人が走ってきて、本能寺は既に落ち、御殿も焼け落ちた。二条新御所は防備が固いので立て籠もるのがよいと言った。直ちに二条新御所へ入り、親王らを内裏へ移した。ここで評議になり様々意見が出て、脱出して逃げるべきと進言した者もいた。信忠はこのような謀反だからよもや逃すことはなかろう。雑兵の手にかかるのは無念であり、ここで腹を切ると言った。そうこうするうちに、ほどなく明智軍が到着した。（中略）御殿も焼けてきたので信忠は腹を切り、鎌田新介が介錯した。命令の通り死骸を隠し置いて燃えて煙となった。（『信長公記』）

【徳川家康上洛についての同行者の証言】

信長公が上洛したので、堺の遊覧が終わった旨を信長公にご挨拶することを伝えるため茶屋四郎次郎が使者として六月一日に堺を発って上洛した。翌二日光秀が謀反して信長公を殺害したので、四郎次郎が注進に馳せかえったところ、枚方《ひらかた》辺りでその日先行して出発した本多平八郎忠勝に行き会った。二人揃って飯盛山辺りで家康に会うことができた。ひとまず帰国して弔い合戦すべく評議一決し、枚方より伊賀路を通って三河に帰った。四郎次郎は先に立って用意の銀子を所々にて与えたので地元の者が案内申し上げ、家康はご機嫌よく三河に戻った。(『茶屋由緒記』)

【筒井順慶上洛についての僧英俊の証言】

二日、順慶が今朝京へ上る途中、上様は急に西国(備中)へご出馬とて、既に安土へ帰られたと聞き、これにより引き返した。(『多聞院日記』)

証言への九つの疑問

さて、証言を読まれて読者は光秀が謀反成功の目算を立てた「何か」を見つけられたであろうか。核心に進む前に証言から見出されるいくつかの疑問点について整理しておこう。その目算を立てた「何か」によって、これらの疑問に辻褄の合う説明が付かねばならない。

◆疑問一　武田攻め出陣の目的

既に、勝利の確定した戦いに信長が光秀ら武将を引き連れて出陣した目的は何であろうか。自ら宿敵武田氏の滅亡を確認したいであろうし、論功行賞の知行割りを現地で行う必要もあったろう。しかし、「関東見物の望み」という信長自身の証言がある。それは太田牛一の証言にある富士山見物なのであろうか。富士山見物だとすると、春日惣次郎の証言にある近衛前久の同行を断ったのはなぜであろうか。

◆疑問二　信長と光秀のいさかいの原因

フロイスの証言にある信長が光秀を足蹴にした「信長の好みに合わぬ要件」とは何であったのか。また、家康饗応の準備を安土城の「密室で二人だけで」打ち合わせる必要性がなぜあったのか。そして、「二人だけ」しかいない密室で起きた事件をどうやってフロイスは知ることができたのか。さらに、このような遺恨の残る事件を起こしたにもかかわらず信長が光秀の謀反を警戒しなかったのはなぜか。

◆疑問三　備中出陣についての証言の食い違い

太田牛一が「この機会に出陣して中国、九州までも平定する」と信長が毛利との決戦も信長の出陣も決定していたように証言しているのに対して、秀吉は「早急な合戦を避けよ。光秀と秀吉が相談した作戦次第で信長が出陣する」と毛利との決戦も信長の出陣も未決定事項と証言しており、明らかに食い違っている。従来、牛一の証言が正しいものとされ、牛一の「五月二十九日上洛」証言も、勧修寺晴豊の「六月四日出陣」証言も毛利との決戦のための信長自身の備中出陣のことと理解されてきた。

しかし、あらためてこの二つの証言を読み直すと信長自身の出陣ではなく、信長が援軍を出陣させることを言っていることがわかる。そうでないと、牛一の「五月二十九日上洛」証言の最後の文「知らせがあり次第出陣せよとの旨、お触れにて、今度は、御伴これなし」の「出陣」と「今度は、御伴これなし」の意味がつながらない。信長自身が出陣するのであれば、馬廻《うままわり》衆などの御伴を連れてこないはずがないからだ。

また、信長自身の出陣は意味していないとすれば、英俊の「筒井順慶上洛」証言で「上様は急に西国（備中）へご出馬とて、既に安土へ帰られた」と合致する。備中出陣のために信長自身は一度安土へ帰って軍勢を整えて出陣するということであり、本能寺から直接出陣するわけではないことを示している。このように備中出陣について信長が太田牛一の証言にある当初の意気込みを後退させたのはなぜか。

◆疑問四　家康饗応への気遣い

太田牛一の二つの証言を読むと信長の歓待ぶりが際立っている。堺までの遊覧も信長が手配している。信忠の証言によれば長谷川秀一だけでなく信忠までもが家康に同行して堺まで行こうとしていた。そこまでする意図はなんであったか。

◆疑問五　光秀の兵の証言

フロイスも本城惣右衛門もともに「兵たちは信長の命令で家康を討ちに行くものと思った」と証言している。誰か一人がそう思ったというのではなく、兵の誰もがそう思ったのはなぜか。また、現代人が聞けば「あり得ない」と即座に叫ぶに違いないことに、彼らが何の驚きも示さなかったのはなぜか。

◆疑問六　信長の最期の言葉

信長が謀反と知ったときの言葉として、太田牛一は「是非に及ばず」、大久保彦左衛門は「城之介が別心か」、アビラ・ヒロンは「余は余自ら死を招いたな」と証言している。それぞれの証言の信憑性と信長が言わんとした意味は何か。

◆疑問七　信忠の見落とし

光秀は本能寺が焼け落ち、信忠が妙覚寺から二条新御所に移って立て籠もってから、ようやく信忠の存在に気付いて二条新御所を攻めている。謀反成功の必須条件である信忠討ちのチャンスをみすみす逃すところだったのだ。本能寺近くの妙覚寺に宿泊していた信忠の存在を把握できていなかったということは、信忠が上洛した五月二十九日、六月一日（この年の五月は二十九日まで）、二日と本能寺周辺の様子を見張っていなかったということだ。絶対討ち漏らしの許されない信長・信忠の行動をなぜ光秀は見張っていなかったのか。

◆疑問八　家康・順慶上洛の理由

家康も順慶も信長に会うために上洛途上にあった。信長は二人を本能寺へ招いて何をしようとしていたのか。他に誰を招いていたのか。家康お抱えの商人で京都に屋敷を構える茶屋四郎次郎は京都へ遊覧した家康一行を自分の屋敷に宿泊させて、堺まで同行していたのだが、家康はなぜ一日早く四郎次郎を上洛させていたのか。順慶に信長が既に安土へ帰ったと明らかな嘘の情報を伝えたのは誰か。

◆疑問九　光秀謀略の余地

謀略説を否定している藤本正行氏は『本能寺の変　信長の油断・光秀の殺意』の中で「（本能寺）襲撃のお膳立てをしたのが光秀やその黒幕ではなく、信長自身だったということだ。襲撃当日に本能寺に泊まったことも、軍隊を連れていなかったことも、光秀に本能寺の近くで軍隊を集めさせたことも、光秀に対抗できる部将たちを領国各地に派遣したことも、なにからなにまで信長の命令なのである」と書いている。

確かに様々な証言を突き合わせてみると天正十年二月の命令発令以降の出来事は信長

の命令ですべてが動いているように見える。果たして光秀に謀略の余地はあったのだろうか。

整った謀反成功の五条件

それでは、五つの条件が整った原因を推理してみよう。その原因によって五つの条件が間違いなく成立することが確認でき、さらに九つの疑問のすべての説明が付けられれば、その原因の正しさが立証されることになる。これから推理する原因に納得できない方は五つの条件、九つの疑問に説明の付けられる別の原因を探してみていただきたい。

まず、疑問五に注目していただきたい。なぜ、光秀の兵たちは「信長の命令で家康を討ちに行くものと思った」のであろうか。

明らかに四百年以上前の光秀の兵たちと現代人との間に決定的な常識ギャップが生じている。彼らが持っていた常識を現代人は持っていないのだ。だから、驚いて、「あり得ない」と叫ぶことになる。彼らにとって信長が家康を討つことは戦国の常識だった。あの天正十年六月二日以来、非常識に変わってしまったのだ。「歴史に学ぶ」ことは当時の人々の立場に立って考えてみることから始まる。戦国の常識で考えてみたら、果たしてどうなるかを検証してみよう。

まず、疑問五の兵たちが思った「信長の命令で家康を討ちに行く」ことは正しかったと仮定する。ただし、命令を受けた光秀が家康ではなく信長を討つことにすり替えた。そのすり替えは実に簡単なことであり、光秀自身があれこれと計画したり、手配したりすることは一切ない。信長の計画を熟知していた光秀がやることは、信長に命令された時刻よりも早く、すなわち信長に家康が呼び出されて本能寺に到着するよりもはるかに早い時刻に本能寺へ出頭して信長を討ってしまうことだけだったのだ。これで第一の条件「信長討ち」は整った。

第二の「信忠討ち」の条件も信長が信忠を岐阜から呼び出して家康の堺遊覧に同行させたことによって整った。光秀は信長から家康討ちの計画の一環としてそのことを知らされていたのだ。

第三の条件「近国織田軍制圧」は細川・筒井両氏を味方に付けることで整うと初めから見込んでいた。問題は第四「東国織田軍制圧」と第五「徳川軍抑制」がどう整うかだ。

本能寺の変当日、家康が堺から上洛途上にあったことに注目していただきたい。光秀はなぜ別働隊を堺へ派遣して家康を討たなかったのだろうか。家康は後に徳川四天王と呼ばれた酒井忠次、本多忠勝、榊原康政、井伊直政ら重臣・小姓三十三名を同行していた。その中には後に出奔して秀吉に仕えた石川数正、江戸城半蔵門に名を残した服部半蔵正成《まさなり》、光秀と同族の土岐明智氏で後に土岐姓を与えられた菅沼藤蔵《とうぞう》定政らもいた（『石川忠総《ただふさ》留書』）。徳川家を支える錚々《そうそう》たる武将たちである。

家康とともにこれだけの重臣を一挙に討ってしまえば本国に残された徳川軍は指揮能力を失って身動きがとれなくなる。第五の条件「徳川軍抑制」は整ったはずだ。

しかし、光秀は家康一行を襲うことなく見逃した。その意味するところは何か。

光秀にとって家康は殺すべき人物ではなかった、いや、逆に生きて本国へ帰ってくれねば困る人物だったということだ。だから、光秀は信長の「家康討ち」計画を家康に教えて命を救い、家康を味方に付けたのだ。それによって第五の条件は自動的に整い、さらに、家康を本国へ急いで帰して東国織田軍の制圧に向かわせることによって第四の条件も整えたのである。

現に家康は六月四日に三河に帰り着くと直ちに甲斐・信濃への工作を開始している。遠江に匿《かくま》っていた武田旧臣依田信蕃《のぶしげ》に「甲斐・信濃へ出立し、両国ともに家康の手に入るように国人衆を引きつけよ」と書状を送って命じている（『依田記』）。また、六月五日には同じく遠江に潜伏させていた甲斐武川《むかわ》衆折井次昌・米倉忠継に早々に帰国して甲斐の国人衆を徳川へ帰属させる工作を命じ、さらに、武田旧臣岡部正綱に甲斐巨摩《こま》郡下山に築城を命じている（『大日本史料第十一編之一』所収「六月六日付家康書状」）。十日には、堺遊覧にも随行した本多信俊を甲斐領主河尻秀隆のもとへ送り込んだ。そして、十四日に、家康の策謀を疑った河尻秀隆が本多信俊を殺害したことが十八日の一揆による秀隆殺害、甲斐織田軍壊滅へとつながっていった。秀隆を殺害した一揆の正体は家康に加担した甲斐の国人衆であることは明らかだ。

このように本能寺の変とはそもそも信長による家康討ちだったとすると光秀の謀反成功の五条件のすべてが整うのである。

すべて解けた九つの疑問

それではこの仮説を前提として、九つの疑問が解けるか検証してみよう。すべての疑問に合理的な説明が付けばこの仮説が正しいことになる。「事は微巧《びこう》を以って成り、疎《そ》拙《せつ》を以って敗る（事は密かに巧みに行えば成功し、拙速に行えば失敗する）」（『韓非《かんぴ》子《し》』)。おそらく信長は微巧の粋を凝らしたであろう。そのすべてを明らかにできるわけではなかろうが、表に現れた九つの疑問、すなわち成事だけにでも筋の通る説明が付けられねばならない。

◆疑問一　武田攻め出陣の目的

孫子の兵法を学んだ読者には信長の意図を直ちに見破ることができたであろう。「天を知り地を知らば、勝、乃《すなわ》ち全《まった》かる可《べ》し」である。信長は侵攻軍の幹部と徳川領を軍事視察したかったのである。それが信長の望みであった関東見物の真意だ。

信長が選定した侵攻軍の編成もわかる。信長が二月の命令書で同行を指示した光秀・細川忠興・筒井順慶である。細川・筒井は光秀の組下大名であり、軍事行動では光秀の指揮下に入る立場なので当然の組み合わせである。

春日惣次郎の「関東見物」証言にある近衛前久の同行拒否の理由もわかる。同行されて視察中の行動を見られたら、それが単なる見物ではなく軍事視察であることが公家たちに悟られてしまうからだ。

彼らが通ったルートは『信長公記』に書かれている。東海道、すなわち徳川領のメインルートだ。そのルート沿いの主要な城郭や河川の状況は十分視察できた。『信長公記』には次のように視察した城郭、河川の名が丁寧に書かれている。

十二日　大宮城
十三日　富士川、天神川、深沢城、久能城、江尻城
十四日　今川の古城、あべ川、持舟城、丸子《まりこ》の川端の山城、田中城、花沢の古城
十五日　瀬戸川、大井川、真木のの城（諏訪原城）、きく川、懸川城
十六日　高天神城、小山城、天竜川、浜松城
十七日　浜名湖、吉田城
十八日　吉田川、大比良川、岡崎城、腰むつ田川、矢はぎ川

一方、家康は信長一行を迎えるために道路や橋の補修を各地で行っている。これも信長の徳川領侵攻にとってまことに都合のよい話だ。交通路の整備は軍隊の移動にとって不可欠のものだからだ。おそらく信長はそこまで計算していたのであろう。

◆疑問二　信長と光秀のいさかいの原因

「信長の好みに合わぬ要件」とは時期からみて長曽我部征伐の可能性が高いとみられる。それを止めることができるか否かが光秀の謀反の決断を左右することであったのだ。長曽我部征伐が不可避であることを知って、光秀は謀反を最終決断したのだ。既にその決断をしていたのであれば、信長の機嫌を損ね、謀反を疑われるような行動を

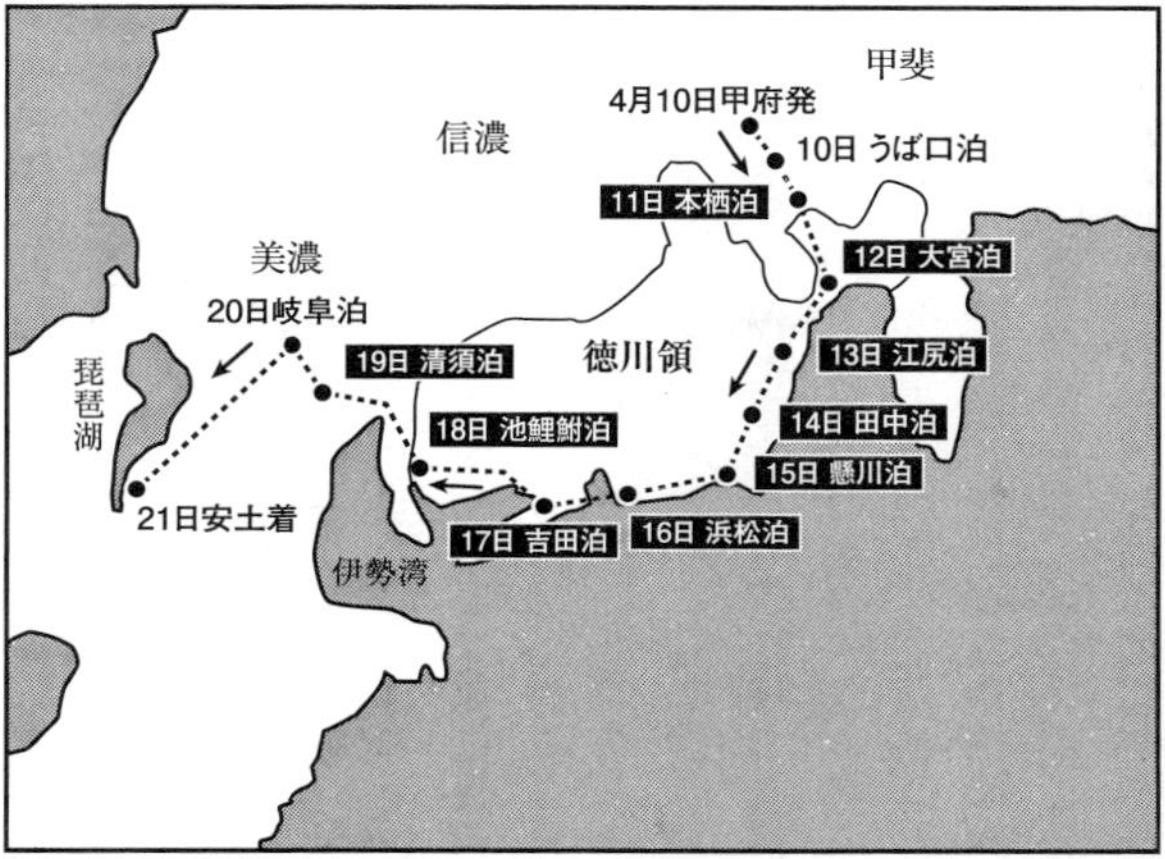

甲州帰路図

わざわざ起こす必然性がない。ただ、長曾我部征伐を止めても謀反の主因である唐入りが止まるわけではないので疑問は残る。

「密室で二人だけ」だったのは打ち合わせ内容を他人に聞かれたくなかったからに他ならない。正に家康討ちの最終的な段取りを「二人だけ」で打ち合わせたのだ。家康討ちが二人だけの秘密であったと考えれば死人に口なしで家康討ちの話が後世に伝わらなかったことも納得できる。

それでは「密室で二人だけ」の出来事をフロイスへ伝えることができた人物は誰であろうか。「密室で二人だけ」の出来事を知り得るのは信長の小姓しかいない。しかし、信長の小姓は一人残らず本能寺で討死している。したがって、「密室で二人だけ」の出来事の証人はいるわけがない。

定説はこのようになっているが、この定説は本当であろうか。これまで本書を注意深く読んできた読者には思い当たる人物が一人いるはずだ。信長が最も気に入っていた小姓の彌介《やすけ》だ。彼はいったいどうしたのであろうか。本能寺で討死したのだろうか。『信長公記』に書かれている討死した小姓の名前に彌介の名はない。

『イエズス会日本年報』にはその日の彌介のことが詳しく書かれている。彼は本能寺の変の際にも信長に近侍しており、その後に二条新御所の信忠のもとへ駆けつけて戦い、最後に明智軍に降伏した。光秀は「黒人は動物で何も知らず、また日本人でもないので殺すことはない」と言って京都のイエズス会の教会に彌介の身柄を引き渡した。本能寺の変で唯一人生き残った信長の小姓なのである。彼であれば「密室で二人だけ」の出来事をフロイスへ伝えることが可能であった。

そして、光秀を一、二度足蹴にした遺恨の残る事件を起こしておきながら、信長が光秀の謀反を警戒しなかった理由は怨恨説を真っ向から否定する話であろう。このような足蹴にした程度の「ささいなこと」によって、失敗すれば一族滅亡する謀反を光秀が起こすとは信長は露にも思わなかったのだ。それが戦国の常識ということだ。

◆疑問三　備中出陣についての証言の食い違い

備中出陣そのものが家康討ちのための偽装工作だったとみると辻褄が合う。池田・高山・中川・塩河らの摂津勢は備中へ出陣させるが、光秀・忠興・順慶と信長自身は出陣するつもりではなかったのだ。この偽装によって家康を本能寺で討ち、さらにその後に徳川領へ攻め込む光秀らの軍勢を家康に警戒されることなく用意することができたのだ。家康を安土で饗応中の光秀に備中出陣命令を下したのも家康に偽装を信じ込ませる効果を高めるためであろう。

◆疑問四　家康饗応への気遣い

家康一行に信長の真意を悟られないために最大限の歓待を演出したのであろう。信忠を家康一行に同行させたのは織田家ナンバー2の重要人物が危険な状態に陥るような事件を起こすことはないと安心させるためだ。家康一行に同行した信忠にも長谷川秀一にも家康討ちは秘密にしていたに違いない。彼らが知っていれば表情や素振りに出てしまって悟られかねないからだ。

◆疑問五　光秀の兵の証言

「信長の命令で家康を討つ」可能性があるというのが当時の光秀の兵たちの常識だったということだ。当時の何らかの気運がそう思わせていたのであろうが、もっと直接的な言葉で伝えられていたのかもしれない。これだけの重要証言がありながら、研究者が「兵の勘違い」で片付けてきたために、戦国の常識が現代の非常識になってしまっていたのだ。

◆疑問六　信長の最期の言葉

森乱丸の「明智が者と見え申し候」という言葉で、信長は光秀の謀反と瞬時に悟った。そこで、「是非に及ばず（確認無用）」と命じて直ちに御殿へ移って戦ったのだ。この言葉は本能寺から逃れ出た女性から後で聞いたことを牛一が『信長公記』に書いている。

「城之介が別心か」という言葉は咄嗟《とっさ》に自分の嫡男の謀反を疑ったという異常な話であるが、これを証言した大久保彦左衛門に情報入手の可能性はあり得る。京都に屋敷のあった家康お抱えの商人茶屋四郎次郎の線だ。商人としての幅広い情報網を活かし、やはり本能寺から逃れ出た女性から情報を得ることはできたであろう。本能寺の変の前夜に信忠は本能寺で信長に会っている。このときに信忠が予定を変更して上洛したことを信長が叱責して諍《いさか》いになったとすれば、「城之介が別心か」という言葉が咄嗟に出てもおかしくはない。

アビラ・ヒロンの「余は余自ら死を招いたな」という言葉はこの場面での信長の言

葉としてこれほどふさわしいものはない。正に信長は自分の企てた罠に自らが嵌《はま》ってしまったのだ。長崎にいるヒロンの周辺に噂として広がっていたということであり、長崎に本拠を置くイエズス会ルートで情報が流れたとみることができる。これも疑問二の検証に書いた小姓の彌介からイエズス会へ伝わったと考えられる。

◆疑問七　信忠の見落とし

光秀は信長の計画に従って動けばよかった。したがって、本能寺周辺を監視する必要が一切なかった。六月二日に信長は間違いなく本能寺にいるし、信忠は家康に同行して堺まで遊覧し、家康一行を伴って本能寺へやってくるはずだった。ところが、信忠は勝手に予定を変更して五月二十九日に上洛してしまった。だから本能寺近くに信忠がいることに光秀は気が付かなかったのだ。

◆疑問八　家康・順慶上洛の理由

もちろん、二人は信長に呼び出されていたのだ。家康は信長に騙されていることを装って堺を出立したが、謀反勃発の情報をいち早く摑んで本国へ帰還するため、茶屋四郎次郎を一日早く京都へ帰していた。順慶は明智軍と合流して徳川領に攻め込むために信長に呼び出された。順慶には信長から家康討ちも光秀から信長討ちも知らされていなかったに違いない。だから、信長が安土に帰ったという知らせを受けて、何の疑問も抱かずに迷いなく大和へ帰ったのだ。

信長が安土へ帰ったという情報は間違いなく意図的に流された虚偽の情報である。その情報を順慶に流した人物は順慶には本能寺へ来て欲しくなかったということだ。その人物とは誰であろうか。

信長が順慶を呼び出したのは順慶が徳川領侵攻軍の副将だったからだが、そうだとすると、もう一人の副将細川忠興も呼び出されていたはずだ。ところが、そのような記録は残されていない。忠興が呼び出されていなかったとは考えにくく、呼び出されたが上洛しなかったとみるべきであろう。そのことが何を意味するであろうか。

ここに「もうひとつの謀略」があったことになるのだが、本論からはずれるので本書では記述を省略する（『本能寺の変　４３１年目の真実』参照）。

◆疑問九　光秀謀略の余地

光秀は家康を味方に付ける交渉を行う必要があった。そのためには武田攻めの帰路が徳川領であったことが幸いした。家康は各地で信長一行を歓待し、光秀とも接触の機会ができたのだ。また、光秀が安土での家康饗応役であったことも都合がよかった。もちろん、光秀・家康の直接の話し合い以前に相互の重臣間で調整が行われたことであろう。家康の堺遊覧にも同行していた土岐明智氏の菅沼藤蔵の存在価値が発揮されたのかもしれない。

　これ以外に光秀は何もしないで済んだ。謀反決行日を家康へ伝える必要すらなかった。信長が光秀だけでなく家康にも連絡してくれたのだ。家康が信長に呼び出されて本能寺へ出頭する日こそが謀反決行日である。藤本正行氏が書いたようにすべてのお膳立てをしたのは信長自身だったのだ。

　現代の殺人事件でも動機不明のまま起訴されて有罪となった例がある。それほど人の心を読み取って真の動機を知ることは難しい。しかし、証拠を積み重ねていけば動機不明でも犯行プロセスを解明することはできる。同じように信長の家康討ちの動機が不明であったとしても、このように証拠を積み重ねていけば「信長が家康討ちを企てた」という史実の蓋然性を高めることはできるのだ。

　最高裁は確定的な証拠がなく、状況証拠のみで有罪と判断する基準を次のように設定している。「被告人が犯人とすると矛盾なく説明することができ、かつ被告人が犯人でないとすると矛盾なく説明することができない」。読者も「信長が光秀に家康討ちを命じた」とすると矛盾なく説明でき、そうではないとすると矛盾なく説明することができないことを確認してみていただきたい。

最高にして最後の謀略

あのとき、信長は何を考えて、何をしたのであろうか。その観点からあらためて整理してみよう。

信長は漢の高祖を見倣って四百年に及ぶ織田政権の確立を目指した。目の黒いうちに最善の状況を作っておかねばならない。そのためには自分の死後に織田政権を乗っ取りかねない危険人物を取り除かねばならない。

いずれ遠国へ移封し、さらには中国大陸へ放逐すれば済む家臣ではなく、もっと危険な武将を確実に取り除くことである。それは、どのような人物か。父祖の代から織田弾正忠家と敵対して抗争を続け、深い遺恨と警戒心を抱いている人物である。信長が生きている間は爪を隠しておとなしく従っているが、信長が死んで織田弾正忠家が弱体化すれば、取って代わろうとする人物だ。それは家康をおいて他にいない。織田信秀との抗争中に祖父・父がいずれも家臣に斬り殺されるという不審な死に方をし、自身は二年間、信秀のもとで人質生活を余儀なくされた。父の死を知らされたのも尾張で人質だった八歳のときだ。そのときの家康を十六歳の信長は頼朝や義経と重ねて見ていたのかもしれない。すなわち、処刑しなければならない「滅ぼした敵将の子」だと。

家康が信長をどのように見ており、その家康を信長がどう見たのかを書き残した史料は残っていない。したがって、信長が家康を危険人物と判断して、どうしても取り除こうと決断した決定的な理由を知ることは難しい。

ただ、彼のその決断が正しかったことは歴史が証明している。天下人となった秀吉の一族が秀吉の死後に誰によって滅ぼされたかを考えればわかる。秀吉は家康を処分しておかなかったことによって平清盛の轍を踏んでしまった。それを予見した信長は轍を踏まないように決断したのだ。信長の「未萌に見る」才覚は常人には想像がつかないほど優れたものだったということだ。

実は武田信玄の重臣たちは信長がいずれ家康を殺すと予測していた。『甲陽軍鑑』に重臣たちが家康の噂話をした最後に、「信玄という強敵が死ねば信長は家康を殺すだろうと高坂弾正が言うと、馬場美濃守が自分も誓って請け合うと賛同し、内藤修理亮も賛同した」と書かれている。家康が遠江の一部を支配していることが前文に書かれているので永禄十一年（一五六八）頃、つまり家康と信長が同盟して七年後、信玄が死ぬ五年前、本能寺の変の十四年前の話のようだ。織田家と松平家（徳川家）の抗争の歴史をよく知っている信玄の重臣たちは流石《さすが》に「未萌に見る」ことができたのだ。

同盟後に二人の間に起きた不穏な事件もある。天正三年（一五七五）十二月に起きた家康伯父の水野信元父子の誅殺と天正七年（一五七九）九月に起きた家康嫡男信康の切腹である。いずれも武田氏内通の嫌疑であるが、処分は信長の意思とも家康の意思ともいわれている。どちらであっても両者にしこりを残したことは間違いないであろう。

他にも家康と信長の行動に何らかの兆候がないか洗い直してみる必要がある。これまで、二人は良好な同盟関係にあったとみなされてきたので、このような視点で二人の行動が注目されたことはなかったのだ。たとえば次のような事例がある。

天正九年（一五八一）、信長は伊賀を攻めて伊賀は皆殺しに近い状態になった。このとき、三河に逃れた人々を家康は匿った。天正十年（一五八二）、本能寺の変の勃発を聞いて家康は伊賀を越えて三河に帰り着いたが、その際に伊賀に残った人々が恩返しのために家康一行の護衛に付いた（『三河物語』）。三河帰着後の家康が甲斐・信濃簒奪のために匿っていた武田旧臣を送り込んだことをみると、家康が伊賀の人々を匿っていた理由もわかる。決して人道支援ということではない。先々伊賀を攻める際に役に立つからだ。家康は明らかに自分の利益のために信長の意向に反する行動をとっていたのだ。

このような家康の行動が信長に家康を危険視させたのかもしれない。

信長が天正三年（一五七五）に越前の支配を任せた柴田勝家に九ヵ条の掟《おきて》の中で「鷹

狩の禁止」を定めている。「勝手に課税してはいけない」「関所は廃止せよ」といった条々のひとつとしてわざわざこの掟が書かれている（『信長公記』）。「鷹狩の禁止」が信長にとってはよほど重要なことだったのだ。その信長自身は『信長公記』にも書かれているように若い頃から鷹狩を好んで行っていた。『信長公記』には天正四年十二月、天正五年十二月、天正六年一月に立て続けに三河吉良まで出かけて鷹狩を行った記録もある。なぜ、柴田勝家には「鷹狩の禁止」なのであろうか。

勝家に与えた掟には「鷹狩は禁止する。ただし、地形を調べるためであれば構わない。そうでない場合は無用である」と書かれている。この条文は表立っては「鷹狩の禁止」と書いているが、実は「地形を調べよ、そのために鷹狩をせよ」と言っているのだ。とすると、信長の三河吉良での鷹狩も同様と考えるべきであろう。尾張清須から三河吉良へ至る地形を調べていたということになる。このとき、三河吉良に程近い岡崎城には家康嫡男の信康がいた。天正六年一月の鷹狩から一年半後に起きた信康切腹事件と何か関連があったのかもしれない。

このように従来見落とされてきた些細な事柄も拾い上げて調べてみることによって信長が家康を処分しようとした動機の蓋然性を高めていくことができるはずだ。

「まだ天下統一も済んでいないこの時期に信長が同盟者を殺すわけがない」と決めつけ

る研究者がいるが、そのような考え方では戦国の世に生き残れないことは明らかだ。『韓非子』に学べば、「相手を破ろうと思ったら必ずまずしばらく相手を助けよ」である。「同盟者を殺すわけがない」という現代の常識は戦国時代の非常識といえる。孫子の兵法に学べば、「誰もが考えつくような作戦は最善ではない」のだ。誰もが思いつくようであれば家康にも悟られてしまう。家康に悟られないうちに手を打たねばならないのだ。

それは天下統一後では遅すぎる。おそらく天下人となった秀吉も家康を危険人物と判断して取り除きたいと考えたに違いない。しかし、小牧・長久手の戦いで敵対した家康は秀吉と和睦したとはいえ、決して警戒を解かず、秀吉は家康討ちのチャンスを摑めなかった。

一方で、光秀の兵たちは「信長の家康討ち」があると既に考えていた。ということは、当時の人々の状況判断では、既に家康討ちの機は熟していたということになる。現代人には誰も考えつかない信長の家康討ちの決断すら戦国の世では遅すぎる決断だったのだ。

それだけに信長は知恵を凝らして家康討ちの計画を立てた。信長は家康を滅ぼすための最善の手を考えたのだ。その手とは孫子の兵法が説く「戦わずして勝つ」策である。

上杉氏・毛利氏と対峙し、長曽我部征伐を始めようとしている信長にとって、新たに徳川氏と戦う愚策は絶対に避けねばならない。

最善の策は家康と重臣たちを徳川領から誘《おび》き出して一網打尽にして葬り去った上で、一気に徳川領に攻め込んで指揮能力を失った徳川軍を降伏させることだ。そうすれば味方はまったく損傷を受けず、しかも短期間のうちに家康の領地も軍勢も自分の手のうちに取り込んでしまえる。家臣に与える恩賞の土地として三河・遠江・駿河の三国を獲得できる上、強兵として知られる三河の兵を味方に加えることができる。天下統一の仕上げにかかった信長にとって、これほどうまい手があるであろうか。正に「兵は詭道なり」の極みだ。信長の最高にして最後の詭道である。

そのためにやらねばならないことが三つある。一つは家康と重臣たちを徳川領から怪しまれることなく誘き出すことだ。いかにして悟られないようにするかが課題だ。二つ目は家康を討った後、直ちに軍勢を徳川領へ送り込んで速やかに要所を押さえて降伏させることだ。そのためには徳川領侵攻軍を怪しまれずに準備すること、そして侵攻軍が徳川領の要所とその位置や地形をあらかじめ知っておくことが課題だ。三つ目は家康討ちの大義名分である。「天下の面目」を気にかけていた信長である。「偲《しの》び草」が悪名高い家康討ちになっては困る。どうやって家康討ちの大義名分を立てるかも課題だ。

信長の家康討ちの三つの課題のうち、一つ目の家康らに悟られないようにすることと二つ目の直ちに軍勢を徳川領へ送り込んで速やかに要所を押さえて降伏させることについては既に九つの疑問で説明した通りに手が打たれている。問題は三つ目の家康討ちの大義名分をどうやって立てるかである。

家康討ちの大義名分

読者が信長であったら家康討ちの大義名分をどのようにして立てるであろうか。その答は決して難しいことではない。おそらく、誰でも考えつくことだ。ここで本を閉じて答を考えてみていただきたい。ヒントになるのは実の弟の信勝を清須城へ誘き出して殺害しても、信長に悪名が立ったわけではないという事実だ。そのときと同じ大義名分の立て方でよいのだ。

信長が、もし単に家康と重臣たちの一行を討つだけであれば、安土城に出頭したところで直ちに討ってしまうのが簡単だ。読者の多くも、家康を討つのならば、なぜ安土城ではなく本能寺なのかという疑問を抱いたのではなかろうか。家康を誘き出すには「二、三十人の小姓しか連れてきていない警護手薄な本能寺」が好都合であるが、その前に既に安土城に来ているわけであるから、誘き出すだけであれば本能寺である必然性はどこにもない。

もし信長が「警護手薄な本能寺」を舞台に選ばずに安土城にいれば光秀に討たれることはなかった。「智者は禍難《かなん》の地を知りて、これを辟《さ》くる者なり。是《ここ》を以って身、患《わざわい》に及ばざるなり（智者は危険を察知して身を避ける。だから禍にあうことがない）」（『韓非子』）。信長は当然自分を危険な状態に置くことになるとわかっていたはずだ。それでありながら、わざわざ、そのような避けるべき舞台を設定した裏には重大な理由があったと考えるべきだ。

それが家康討ちの大義名分である。誰もが納得する大義名分の立て方がひとつだけあるのだ。それであれば朝廷であれ、味方の武将であれ、討たれる側の家康の家臣ですら納得せざるを得ない。

その答は「家康が謀反を起こして自分を殺そうとしたので返り討ちにした」という理由付けだ。

しかし、その決行の舞台が安土城であればこの理由付けが使えない。なぜならば、

「警戒厳重な安土城で家康が無謀にも謀反を起こすわけがない」と誰しもが思うからだ。ところが、「二、三十人の小姓しか連れてきていない警護手薄な本能寺」であればどうであろうか。誰しもが納得するであろう。家康一行の人数は重臣・小姓三十三人に穴山梅雪らも加えて四十人ほどであろう。四十人が二、三十人を襲うことはあり得る話だ。家康が絶好の機会ととらえて謀反に及んだとしても不思議はない。

つまり、信長の油断とされる「信長が無警戒で本能寺にいた」ように見えたのは、無警戒だったわけではなく、「少人数でそこにいる」ことが信長の企てにとっては必須条件だったからなのだ。

さて、ここに登場した穴山梅雪であるが、どのような立場にいたのであろうか。家康とともに信長に討たれる立場だったのだろうか。それとも信長に通じていて家康を討つ立場にいたのだろうか。

信長が家康討ちを光秀とだけ相談し信忠にも秘密にしていたことを考えると梅雪を加担させて秘密が漏れることは避けたであろう。加えて梅雪は信長にとって先々問題を生みかねない人物だった。なぜならば、家康が梅雪を調略する際に甲斐一国を与えると約束していたからだ。三月二日付で家康は梅雪に対して次のような書状を与えている（『織田信長文書の研究』所収）。

「甲斐の国を進呈するが、恩賞としてもらえない場合に二年でも三年でも扶持《ふち》をもらえるように信長に申し入れる。もし不首尾であったら自分の方から合力《ごうりき》する」

実際の信長の知行割りはどうであったか。梅雪はもともと甲斐に持っていた本領を安堵されただけで甲斐は実質的に河尻秀隆に与えられている。一方で、真っ先に信長に寝返った木曽義昌は本領二郡を安堵された上に二郡を加増されている。この決定に梅雪も家康も納得するわけがない。家康は二、三年信長と交渉して不首尾ならば「合力」すると約束している。この合力の意味は何であったろうか。通常は力を添えるという意味であるが、交渉では済まなかった場合の合力である。何らかの実力行使を意味していたことになる。

家康が本気であったかどうかは問題ではない。信長にとって梅雪がどう見えていたかである。当然梅雪が知行割りへの不満を抱いていることは十二分にわかっていたはずだ。

このようにみると梅雪も家康と一緒に葬るつもりだったと考えられる。その場合「先の知行割りに不満を抱いた梅雪に家康が合力して謀反を起こそうとしたので返り討ちにした」と大義名分をより一層説得力のあるものにできた。

なぜ謀反を見抜けなかったか

こうして信長は日本・中国に跨《またが》る織田王朝という壮大な「偲び草」を手に入れることなく世を去った。もし、天正十年六月二日に起きたことが信長の計画通りに進行していたとすれば、それはあるいは実現していたのかもしれない。少なくとも秀吉の唐入りと同様の事態は起きたと考えるべきであろう。こうしてみると光秀の決断は実に重大な歴史の分岐点を作ったのだ。

その光秀の決断をなぜ信長は見抜けなかったのだろうか。

すべてが信長の計画通りに順調に進んでいた。どこにも光秀が謀反を画策している兆候がなかった。それはそうだったかもしれない。

しかし、信長は光秀が頼りにした長曽我部氏を滅ぼそうとしていた。信長はいずれ光秀を遠国へ移封しようと考えていた。さらに、唐入りによって光秀の一族を中国大陸へ送り込もうとしていた。そのことが光秀を追い込んでいくという認識はあったはずだ。「未萌に見る」ことに長けた信長であれば気付いて当然であろう。

それでも信長は最期の瞬間まで光秀の謀反を疑っていなかった。そこには信長が光秀に寄せた何らかの特別な信頼があったとみるべきだろう。フロイスは「信長は奇妙なばかりに親しく彼を用いた」と書いた。信長が光秀に寄せていた信頼は誰も理由がわからず「奇妙」に思えたのである。当時の史料のどこにも書き残されていない二人の間の何かがあったのだ。それが何であるかは残念ながら見えてこない。

「愛臣太《はなは》だ親しければ、必ず其の身を危うくす（家臣を信じ切ると身の危険だ）」と韓非は説いた。あの信長であれば全幅の信頼を光秀に寄せたはずはなかろう。情緒的な理由を捨てて冷徹な論理での「あり得る可能性」を推理してみよう。

「君臣の交は計なり」である。信長は光秀に家康討ちの十二分な恩賞を約束していたと考えてみてはどうであろうか。たとえば、家康の領地、三河・遠江・駿河の土地も兵も光秀に与えると。しかし、光秀からみればそのような恩賞をもらっても唐入りという謀反の主因が消えるわけではない。これであったとすれば、信長が光秀の心を読み違えたことになる。「戦国のプロ中のプロ」が果たしてこのような読み違えをするであろうか。これまでみてきた信長にはふさわしくないように思える。もう少し冷徹な論理で考える必要がありそうだ。

生存合理性に徹した信長が「親しく光秀を用いた」のは正に彼の能力が天下統一の役に立ったからだ。その能力はどのようなものであったかといえば、「啻《ただ》に孫呉兵術に慣るるのみにあらず、況《いわん》や良平の謀諮《ぼうし》を挫《くじ》くをや」であろう。父信秀の能力を評した言葉だ。その能力を高く評価していたからこそ、家康討ちも光秀だけに相談したのだ。

信長が家康討ちさえ仕掛けなければ光秀に謀反のチャンスが訪れることはなかった。そのようなチャンスを光秀は「棚から牡丹餅」のようにただ待っているだけだったのだろうか。何もしなければ一族は滅亡してしまうのである。孫武は言った。「勝利は創り出すべきものだ」と。孫呉・良平に長けた光秀が自らチャンスを作った可能性も考えてみるべきではなかろうか。

韓非は説いた。「相手を破ろうと思ったら必ずまずしばらく相手を助けよ、相手から取ろうと思ったら必ずしばらく相手に与えよ」と。相手に味方と信じさせて油断させるための策だ。もし、「家康討ち」を初めに企画して持ちかけたのが信長ではなく光秀だったら、どうだったか。その恩賞も光秀から要求した。そうであれば、信長は光秀を信じ込み、まったく疑うことなく家康討ちの実行に没頭したであろう。正に「兵は詭道なり」だ。それが戦国時代の実相なのだ。現代人には想像しきれない生き残りのための厳しい現実が存在したと考えねばならない。

この推理は筋が通っていそうだが、残念ながら蓋然性はまだ低い。「余は余自ら死を招いたな」という信長の最期の言葉ともずれが生まれる。「光秀の罠にはまったな」と言うべきであろう。この真実についてはまだまだ歴史捜査を続けなければならないようだ。

さて、信長が果たそうとした子の代への責任はどうなったであろうか。

信長が最期の瞬間まで子への責任を果たそうとしていたと思える話がある。小姓の彌介はなぜ二条新御所の信忠のもとへ駆けつけたのであろうか。それが信長の命令によるものであったことは間違いない。信長は信忠への伝言を彌介に託したのであろう。それ以外に「天下一の最強のボディーガード」をわざわざ行かせる理由がない。彌介の身体上の特性がその役にふさわしかったのだ。

信長が最期にどうしても信忠に伝えたかったことがあるとしたら、それは「直ちに脱出して生き残れ！　光秀はお前が上洛していることに気付いていない」であろう。信忠襲撃についての太田牛一の証言には「ここで評議になり様々意見が出て、脱出して逃げるべきと進言した者もいた」とある。彌介が必死になって信長の伝言を言上したのではなかろうか。

信長が彌介に命じたのは伝言を伝えることだけだったのだろうか。さらに大事なことを命じたのではないか。「お前が信忠を守って脱出させろ」。自分の死を覚悟した信長は天下一の最強のボディーガードに信忠を守らせようとした。それが子への責任としてあのときの信長にできる唯一の策だったのだ。残念ながら信忠にその父の思いは通じなかった。

その後、秀吉によって三男信孝が殺され、政権は秀吉に奪われた。しかし、次男信雄《のぶかつ》、嫡男信忠の子の秀信などが生き残り、信長が最も危惧した一族滅亡は免れた。天下を取ることはなかったが、織田弾正忠家は明治期まで大名四家と安土城にある信長廟を守る家系が無事に残ったのである。

明治二年（一八六九）、明治天皇は信長を讃えるための健織田社《たけしおりたのやしろ》の創建を決定した。この決定に基づいて明治十三年（一八八〇）京都の船岡山《ふなおか》に建勲神社《たけいさお》が建立された。信長は国家安泰・難局突破・大願成就の神として祀られている。

武将の人気は時代によって大きく左右されてきた。現代の信長人気はとても高い。「死のふは一定《いちじょう》、偲び草には何をしよぞ、一定語り起こすよの」という信長の思いは十分に達せられているのではなかろうか。

その「偲び草」は信長本人には物足りないものに違いない。しかし、唐入りを実行すれば国内外の多くの人々の命が失われたことは間違いがない。果たして読者はそのような偲び草で信長のことを語り起こしたかったであろうか。

エピローグ【信長に何を学ぶか】

戦国武将は日々死と直面していました。いつ、自分が敗者の悲惨な立場に立つかわからない。勝ち抜かなければ一族滅亡だ。だから、勝ち抜くためには何をすればよいかを考え、必死に生き残ろうとしたのです。そして、歴史に学び、生存合理に徹するための「知識・論理」を身につけていきました。織田信長はこうして自己の「信長脳」を形成していきました。その中身には孫呉の兵法や良平の謀略、そして韓非子《かんぴし》的なものが詰まっていたことが確認されました。信長脳を駆使して生き残りを図った結果が尾張統一、上洛、中日本統一、天下統一の戦いへと拡大していきました。その結果、さらに中国大陸まで戦いを広げねばならなかった。これが織田信長だったのです。その信長に何を学んだらよいのでしょうか。

信長だけでなく戦国武将は日本の歴史に学び、中国の兵法書や歴史書を通じて中国の歴史にも学んでいました。その知識は諸子百家の思想・兵法から中国史にも広がる実に深遠であり膨大なものです。そのほんの一端を本書で垣間見ていただきましたが、それは微々たるものであって針の穴から天を覗いたようなものに過ぎません。それに比べると現代人の戦国武将や戦国史についての知識は実に浅薄であり貧弱であると感じます。加えて、戦国時代とつながっているという意識も希薄です。戦国史とはテレビ画面に映し出される娯楽としての英雄譚に過ぎないものになっているのではないでしょうか。これでは戦国の歴史に学ぶことはできません。

「歴史に学ぶ」とはその当時の人々の立場に立って考えることから始まるとも言われますが、知識の上でも意識の上でも当時の人々は遠い存在でしかありません。自分の先祖の一人でも欠けていたら、今の自分がこの世に存在していなかったという事実を考えてみたら、あの厳しい時代を生き抜いて命を自分までつないでくれた先祖たちのことをもっと近しいものに感じられるのではないでしょうか。

本当は戦国時代はとても近い過去であり、現代とつながっているのです。大江健三郎氏が『万延元年のフットボール』の中で子供時代の記憶を書いています。自分が反抗すると祖母が「チョウソカベが森からやってくる！」と言って威嚇《いかく》したそうです。戦国時代に土佐から侵略してきた長曽我部軍の恐怖が伊予の人々の記憶として語り継がれてきているのです。同じように蒲生氏郷《がもううじさと》の侵攻を受けた北伊勢では子供を叱るときに「ガモジが来るぞ！」と言うそうです。「鼠壁《ねずみかべ》を忘る壁鼠を忘れず（壁をかじったネズミはその壁を忘れるが、かじられた壁はそのネズミを忘れない）」という諺があります。歴史の被害者側はその歴史をいつまでも記憶しているものなのです。ですから、彼らは歴史に学ぶでしょう。逆に加害者側はすっかり歴史を忘れてしまって歴史に学ばないことになるのでしょう。

天下統一を目指した信長、そしてその後を追って天下統一を果たした秀吉。二人は天下統一後の自己の政権の維持策を唐入りに求めて失敗しました。二人の失敗に学んだ家康は国内で土地を回す仕組みである改易《かいえき》（大名の取り潰し）や参勤交代などの制度によって政権の安定・継続を実現しました。拡大から安定へと天下人の理念の転換が行われたのです。

家康は漢の高祖（劉邦）を手本にしたのでしょう。二人には共通点があります。政権をとると高祖は韓信らの有力武将を粛清し、家康は豊臣家を滅亡させました。極めて韓非子的な処置です。一方、統治の思想としては儒家を採用しました。果てしなく利益を追求する韓非子的思想を否定して、仁・義・礼・智・信を善としたのです。これによって、国内の軍事エネルギーを文化エネルギーへと転換し、漢も徳川幕府も平和な世を継続維持し、文化高揚の時代を築いたのです。

日本は二百六十年にわたる平和な江戸時代を覆した明治維新以降、秀吉の失敗に学ばずに天下の枠を東アジア圏へと拡大し、東アジア圏における戦国を再現してしまいました。安定から拡大へと再転換が起きたのです。家康によって廃絶されていた秀吉を祀る豊国《とよくに》神社は明治政府によって再建され、国家の英雄として秀吉が侵略戦争を鼓舞する象徴として担ぎ出されました。それによって歴史学もゆがめられました。残念ながらゆがめられた歴史学は未だに正されていないようです。そのことを三鬼清一郎氏は『豊臣政権の法と朝鮮出兵』の中で次のように書いています。

「このような（秀吉の朝鮮出兵が「国威の発揚」として高い評価が与えられた）兆候は明治末年から現れている。日露戦争の最中に刊行された『弘安文禄征戦偉績』は、その前年に東京帝国大学史料編纂掛が行った展示会をもとにしたもので、戦地の部隊や傷病兵を収容する病院に寄贈し、また国内の学校で修身や歴史の講話に役立てる目的をもっていた。秀吉の朝鮮出兵は、国民あげての戦意高揚に利用されていったのである。このような流れの先陣をきったのが官学アカデミズム史学であることは、記憶にとどめておくべきあろう。（中略）

敗戦後の歴史学（仮に現代史学と呼ぶが）は、これの全面否定から出発した筈であるが、戦前期の「負の遺産」についての断片的な批判にとどまっているのが現状であろう。それをトータルに批判する視点を確立することが、新たな段階にすすむための前提になるように思われる」

秀吉が『惟任退治記《これとうたいじき》』で作った本能寺の変神話が未だに清算されていないのも「負の遺産」の影響なのでしょうか。『惟任退治記』の校注本を五十年前に出版した研究者も現代語訳を昨年出版した研究者も、この本が神話のもとになっている事実にはまったく触れていません。この書を読めば怨恨説も野望説も秀吉が本能寺の変のわずか四ヵ月後にこの書によって世の中に知らしめたことがわかるはずにもかかわらずです。

さて、戦国時代は生存合理性が支配しましたが、現代は経済合理性が支配していす。経済合理性を追求した果てがハゲタカと呼ばれるアメリカ企業に象徴される新自由主義でしょう。経済的に勝ち抜く力のある者だけが勝ち残るという徹底した市場主義は正に『韓非子』です。「累進課税はがんばる人のやる気をなくす」という新自由主義者の主張は「富裕な者から徴収して貧しい者に与えるのは、努力・倹約した者から奪って奢侈《しやし》・怠惰《たいだ》な者に与えることになる」という『韓非子』の言葉と見事に合致しています。

人間も生物である以上、生き残らねばならず、そのためには強者となって勝ち残ることが求められるのは確かです。しかし、その法則は原始的な生物と何ら変わることがありません。何らかの規制がなければ止めどなく欲望が拡大していくことになります。

この規制となるものが倫理であり、宗教であり、儒家の「仁・義・礼・智・信」などでしょう。経済利益を追求する企業活動にもコンプライアンス（法令順守）や経営理念が規制をかけています。しかし、フォルクスワーゲンのような世界的な大企業や日本の大企業でも利益追求におぼれて不祥事を起こす例が多発しています。利益を至上とする新自由主義の弊害のようです。

「韓非子的なもの」に徹した信長が勝ち残りながらも、しかし最後は滅びた歴史に学ぶ必要がないでしょうか。同様に韓非子に徹した秦の始皇帝や豊臣秀吉も一代の栄華を極めたものの王朝を持続させることはできませんでした。生き残るために韓非子的な才覚は必要でしょうが、長続きする平和な世を作るためには別の考え方が必要だと思わざるを得ません。それは自己の利益を最上位に掲げる韓非子とは異なる理念です。漢を建国した劉邦、江戸幕府を開府した徳川家康は持続を理念とした儒学を採用することによって自分の王朝を長期に持続させることに成功しました。孫子も「持続すること」を最上位に掲げました。その理念に基づき我が国で考案されたビジネス方法論があります。一九七二年に故田岡信夫《のぶお》氏によって提唱された「ランチェスター戦略」です。この方法論は「弱者の戦略」として注目されましたが、中小企業専用の戦略と誤解されて大企業の関心が低いように見えます。

この戦略のポイントは自社に有利な市場を選択し、その市場で圧倒的なシェアをとることです。孫子が地形を調べて戦場を選べと説いたように勝てる市場を選ぶこと、そして、その市場において圧倒的なシェアをとって「戦わずして勝つ」状況を作ることを戦略の核にしているのです。

我が国には長年持続している企業が数多くあります。竹中工務店の創業は慶長十五年（一六一〇）、本能寺の変の二十八年後です。ヒゲタ醤油、玉乃光酒造、山本山、住友林業、にんべんなども創業が三百年以上前の古い企業です。また、近江商人の「三方よし」というビジネス理念もあります。「売り手よし、買い手よし、世間よし」を目指す理念です。これも「持続すること」から導きだされた理念です。

利益を至上にして、その下位に法令順守を置くとブレーキ役としての法令順守の利きが甘くなります。持続を至上にして、その下位に利益と法令順守を並置することによって両者のバランスがとれます。

戦国時代は中国では紀元前のもの、日本では四百年前のものですが、世界の規模でみれば現代は各地で戦争が行われている戦国時代ともいえます。平和な社会の論理の通じない苛酷・残虐な時代なのです。現代人は信長の残虐行為を異常なことと感じますが、その異常なことが今現在の世界で起きています。世界は歴史に学んでいないようです。

昨今の世界情勢を見るにつけ、歴史の真実を知って「歴史に学ぶ」ことの大切さをあらためて強く思わざるを得ません。

著者

付録一　織田信長の事績年表

年齢	年		月	事績
1	天文三	一五三四	五	尾張守護代織田氏奉行・信秀の嫡男として生まれる
2	天文四	一五三五		（松平清康、信秀を攻めて尾張守山で家臣に殺される）
5	天文七	一五三八		（信秀、今川氏豊を追い那古野《なごや》城を奪う）
7	天文九	一五四〇	六	（信秀、西三河に侵攻し安祥《あんしょう》城を攻略）
9	天文十一	一五四二		（信秀、斎藤道三に追われた美濃守護土岐頼芸《よりのり》を匿《かくま》う）
11	天文十三	一五四四	九	（信秀、道三の美濃稲葉山城を攻めるが大敗）
				この頃信長、那古野城を譲られる
12	天文十四	一五四五		（信秀、松平広忠に三河安祥城を攻められるが勝利する）
13	天文十五	一五四六	一	元服して信長と名乗る
14	天文十六	一五四七		三河吉良大浜へ初陣　松平竹千代（家康）を人質として迎える
15	天文十七	一五四八	三	（信秀、小豆坂で今川義元に敗北後、道三と和睦し娘を信長に娶らせる）
16	天文十八	一五四九	十一	（松平広忠、家臣に殺される）
				（信秀、安祥城を失い人質交換で松平竹千代を今川へ送る）
17	天文十九	一五五〇	十二	笠寺別当職の安堵状発給

19	天文二十一	一五五二	三 四 八	信秀病死し家督を相続 尾張鳴海《なるみ》城主山口教継《のりつぐ》が今川へ寝返り、沓掛《くつかけ》城・大高《おおだか》城を乗っ取られる 清須守護代家老坂井大膳挙兵し信長に敵対、信長勝利して清須城を攻める
20	天文二十二	一五五三	四 七	斎藤道三と尾張聖徳寺で会見 守護斯波《しば》義統《よしむね》が坂井大膳らに殺害され子義銀《よしかね》を庇護する
21	天文二十三	一五五四	一 四 十一	今川が知多郡に築いた村木砦を攻撃 叔父信光と組み清須守護代織田信友を自害させ清須城を奪う （叔父信光殺害される）
23	弘治二	一五五六	四 八	（斎藤道三が子義龍に討たれる） 岩倉守護代織田信賢が義龍に与し信長に敵対 弟信勝に加担した林秀貞・柴田勝家に勝利
25	永禄元	一五五八	十一	弟信勝を清須城に招き謀殺
26	永禄二	一五五九	二 三	上洛し将軍足利義輝に謁見 岩倉城を攻めて守護代を追放し岩倉城を破却
27	永禄三	一五六〇	五	桶狭間《おけはざま》の戦いに勝利
28	永禄四	一五六一	春 五	徳川家康と同盟 斎藤義龍病死の機に美濃に出兵して龍興軍破る
30	永禄六	一五六三	七	居城を小牧山城へ移す
31	永禄七	一五六四	六 十二	直江《なおえ》兼続《かねつぐ》を介して上杉謙信と誼を通じる 将軍義輝から御内書を与えられる

尾張統一戦期　　上洛戦期

32	永禄八	一五六五	五	（将軍義輝暗殺される）
			七	尾張犬山城攻略（足利義輝の弟覚慶が近江へ逃れる）
			九	「麟《りん》」の花押を使い始める
			十一	甲斐武田氏と同盟：武田勝頼に養女嫁がす
33	永禄九	一五六六	六	義昭推挙により尾張守任官
			八	義昭に供奉して上洛を計画するが斎藤龍興に阻まれる
34	永禄十	一五六七	五	娘を徳川信康に嫁がす
			八	美濃稲葉山城を攻略
			九	浅井氏と同盟
			十	美濃加納に楽市令
			十一	天下布武印を使い始める
35	永禄十一	一五六八	二	伊勢へ出兵し神戸《かんべ》氏・長野氏らを降す
			七	足利義昭を岐阜に迎える
			八	弾正《だんじょう》忠《ちゅう》を称す
			九	足利義昭に供奉して美濃・尾張・伊勢・三河の軍勢を率いて上洛
			十	将軍に任官された義昭より推挙された副将軍・管領の職を辞退、領国内の関所撤廃
				堺に矢銭を課し直轄領化へ
36	永禄十二	一五六九	一	（三好三人衆らが本圀寺の義昭を襲撃）　幕府殿中掟を発令
			二	将軍御所を築く
			十	伊勢北畠氏を降し上洛して「天下の儀」を委ねられる

37	（永禄十三）元亀元	一五七〇	一	義昭に五ヵ条の条書
			三	馬蹄形天下布武印を使用開始
			四	若狭・越前攻め、浅井長政に離反される
			六	姉川の戦い
			七	越前出兵
			八	摂津出陣
			九	大坂本願寺が信長に敵対して挙兵、近江出陣
			十一	弟信興、長島一向一揆に攻められ自刃
			十二	浅井・朝倉と和睦
38	元亀二	一五七一	五	長島一向一揆攻めに失敗
			九	比叡山焼討
39	元亀三	一五七二	九	義昭に異見十七ヵ条
			十二	三方ヶ原の戦いで敗れる
40	（元亀四）天正元	一五七三	二	義昭、信長に敵対して挙兵の意思を表明
			四	（武田信玄病没）義昭御所を包囲し上京に放火
			七	足利義昭を宇治槙島《まきしま》城で破り、追放
			八	朝倉・浅井を滅ぼす
			十一	足利義昭に加担した三好義継を討つ
41	天正二	一五七四	一	越前一向一揆蜂起
			三	従五位下に叙任され、昇殿を許される
			九	長島一向一揆をせん滅
			閏十一	領国内の道路・橋の整備を命じる

42	天正三	一五七五	三	公家・門跡の徳政令発布
			五	長篠の戦い
			七	家臣に名字・官途を与える、家臣からの尊称が「殿様」から「上様」へ
			八	越前一向一揆をせん滅
			九	明智光秀に丹波平定命じる
			十	本願寺と和睦
			十一	右近衛大将に任官、信忠へ家督譲渡し尾張・美濃を与える、公家・門跡へ新地給付
			十二	武田氏内通の嫌疑で水野信元（家康伯父）父子誅殺
43	天正四	一五七六	一	安土城築城開始
			二	安土へ移る
			五	本願寺攻め・天王寺砦の戦い
			七	毛利水軍に木津川口で敗れる
			十一	伊勢北畠氏一族を粛清、正三位内大臣に任官
44	天正五	一五七七	二	紀伊雑賀攻め、越前一国検地
			五	双龍の天下布武印使用開始
			六	安土山下町中に十三ヵ条の掟（楽市令）を発給
			八	大和松永久秀謀反、柴田勝家に命じて加賀出兵
			九	上杉謙信に加賀手取川で大敗
			十	松永久秀の謀反を鎮圧、信忠が三位中将に昇進、秀吉を播磨平定に出陣させる
			十一	従二位右大臣任官

45	天正六	一五七八	二	播磨三木城主別所長治が離反
			三	（上杉謙信病死）
			四	右大臣・右近衛大将辞任、天下統一後に再任の意思を表明、越中へ工作を開始
			七	尼子勝久の守る播磨上月城が毛利氏に攻められて落城
			十	摂津有岡《ありおか》城主荒木村重が謀反
			十一	木津川口で毛利水軍破る
46	天正七	一五七九	五	安土城天主に移住、安土宗論
			九	徳川信康切腹
			十	明智光秀、丹波平定
			十二	荒木村重の妻子ら処刑
47	天正八	一五八〇	一	播磨三木城主別所長治自刃
			閏三	本願寺と和睦
			五	秀吉、播磨平定
			七	摂津平定
			八	佐久間信盛父子追放、林秀貞・安藤守就《もりなり》父子・丹羽氏勝追放、播磨検地、加賀過半平定
			九	越中平定戦、大和検地
48	天正九	一五八一	二	京都馬揃え、イエズス会巡察師に「予が国王で内裏」と表明
			六	新発田《しばた》重家を調略により味方に付ける
			九	伊賀惣国一揆をせん滅、秀吉が因幡を平定、丹後検地
49	天正十	一五八二	二	（木曽義昌寝返る）諸将に出陣を命ずる
			三	武田氏滅亡
			六	本能寺の変

付録二　『信長公記』の信憑性

本書を書くにあたって、従来の歴史研究のやり方ではなく、犯罪捜査と同じ手法、つまり問題を科学的・論理的に解く方法で調べた。そこで私のやり方を「歴史捜査」と名付けた。当時書かれた史料を証人、史料に書かれている記事を証言に見立て、その証言の中で信憑性のあるものを見出して証拠採用した。

史料は大きく分けると、記録、報告、物語に分けられる。記録は当事者が書きとめたものだ。代表的なものに公家・僧侶・武将などの日記がある。現代流に言えば、日記というよりも日々の出来事を記録した日誌である。もちろん日記の記述の信憑性は高いが、それでも勘違いや書き誤り、他人からの伝聞が混じっていることもある。

記録には当事者が後になってまとめて書いた覚書もある。信長の家臣が書いた『信長公記』がその代表例だ。基本的に日記と同様の信憑性があるが、記憶違いが混じる可能性が高まるし、伝聞の量も増える。『信長公記』には作者が取材して書いた部分がかなりあり、取材相手次第で信憑性に格段の差が生じている。したがって、基本的に信憑性の高い史料であっても記事ごとに信憑性の評価が必要になる。犯罪捜査において基本的に信用できる証人であっても、ひとつひとつの証言の信憑性を評価しなければならないのと同じだ。「信用できる証人だから、その証言はすべて信用できる」とするのはあまりに乱暴な態度である。

報告は特定の相手に何かを伝えるために書かれたものだ。当事者がその都度書いた報告には書状や触書がある。基本的に信憑性が高いが、日記と同様の考慮が必要な上に「報告者の意図」に注意が必要になる。報告者の都合の良いように書かれている可能性が高いからだ。

当事者が後になってまとめて書いた報告の例には当時日本に来ていたイエズス会宣教師がイエズス会総長宛に毎年報告していた日本年報がある。これには覚書と同様に記憶違いや伝聞の増加への考慮を追加する必要がある。

後世の人が書いた記録や報告もある。家に代々伝わってきたことを編纂した家譜や山鹿素行《やまがそこう》のような学者が編纂した歴史書などだ。編纂者の編纂姿勢と材料に使った史料の信憑性とでその信憑性は大きく左右される。

物語はそもそも創作なので事実を伝えようとして書かれた記録・報告とは本質的に異なるものだ。江戸時代に木版印刷が普及し、『明智軍記』『甫庵信長記』『川角太閤記』など軍記物と呼ばれる物語がたくさん出版されて広まった。これらに書かれた話が歴史の定説・通説となっている。しかし、そもそも真実を書こうとしたものではない軍記物は歴史学ではなく文学として扱うべきものだ。

『信長公記』は織田信長側近の太田牛一が信長の死後に編纂した史料である。信長の側近が書いた史料ということで「第一級の史料」と評価されるが、「二次史料（後世の編纂物）」であるとして軍記物と同列視する研究者もいる。しかし、後世の小説家（軍記物作家）が書いたものと現場に立ち会った本人が後に書いたものとでは決定的に信憑性が異なる。紋切り型の「二次史料だから信憑性がない」という評価は科学的ではない。

『信長公記』は信長の少年期から上洛に至るまでの前半生をまとめて書いた首巻と上洛後の後半生の一年を一巻として書かれた十五巻とから構成される。後半生の十五巻は牛一自身が「日記の如くに書き溜めたものをのちに編纂した」と書き残しており、記憶違いもなく、信憑性が高いことは確かだ。ただし、最後の第十五巻に書かれている光秀の愛宕山での連歌興行の話と徳川家康の伊賀越えの話は牛一が情報を直接入手する立場にない。誰かからの伝聞情報であり、明らかに信憑性が落ちる。

問題は首巻である。牛一はそもそも『信長公記』という本を書いたわけではなく、首巻と十五巻が別々に書かれていたものを後世の人が一冊にまとめて『信長公記』と称されるようになったものである。十五巻から成る『信長記』を編纂し終えた牛一が信長を偲《しの》んで別に書いたものが首巻と呼ばれているのだ。したがって、詳細の記憶は薄れている可能性がある。しかし、重要な要点は覚えていて書かれているとみてよいであろう。牛一の記憶に深く刻まれたことが書かれたのだ。特に自分が参陣した合戦の記憶は忘れがたいものがあったはずだ。

『信長公記』は印刷出版されず、牛一の自筆の原本から写し書きした写本が作られ、さらに写本から写し書きして写本が作られるといった形で広まった。このため、現存する『信長公記』の記述は一冊ごとに異なっている。ここに記事ごとの信憑性の評価の必要性の典型がある。書き写した際に誤記もあれば、省略・追記も生じる。無意識に起きる場合もあるし、意図的な省略・追記もあり得る。

具体例として桶狭間の戦いの記述がある。町田本や陽明文庫本と呼ばれる写本と天理大学附属天理図書館所蔵本（天理本）では異なる記述がなされている。この天理本には桶狭間の戦いの前夜に軍議が行われ、信長の決戦の意思に対して家老衆が反対して籠城を主張したことなどの記述がある。町田本や陽明文庫本には「軍議は行われなかった」ことが書かれている。

ある研究者は天理本の記述が『甫庵信長記』と類似していることを指摘した上で、天理本の記述が正しいものとして、これまで信憑性に問題ありとされてきた『甫庵信長記』を再評価すべきと主張している（桐野作人著「桶狭間合戦　信長は籠城案を退けて正面攻撃をしかけたのか？」、『歴史読本』二〇〇一年十二月号所収）。

しかし、これは奇妙な論理であり、話が全く逆である。天理本が書き写された際に

『甫庵信長記』を参照して加筆修正が行われたとみるべきだ。『甫庵信長記』は慶長十七年（一六一二）に印刷出版されてベストセラーとなり広まった。この研究者は天理本が書き写された時期が「寛永年間頃」としており、一六二四〜四五年頃に書き写されたと認識している。既に『甫庵信長記』が世の中に流布している状況での写本である。『甫庵信長記』の作者が十年以上も後に成立した天理本を参照して書くことはタイムマシンでもないと不可能だ。タイムマシンがないとすると、天理本と同じ記述をした牛一の自筆本なり別の写本が『甫庵信長記』の書かれた慶長十七年以前に存在したと仮定しないと成立しない論理だ。残念ながら、このような本は発見されていない。一方、天理本を写し書きした人物はその際に『甫庵信長記』を参照可能であり、これを参照して書いた可能性の方が明らかに高い。

謝辞

幻冬舎の会議室での「織田信長を歴史捜査していただきたい」との言葉に電撃が走った。それこそが自分のやらねばならないことであり、やりたいことだったと気付いたのだ。そして、答が出るかどうかもわからない歴史捜査を開始し、ほぼ一年がかりでとうとうこの本ができあがった。この機会を作ってくださった幻冬舎の福島広司氏、この本の完成にご尽力いただいた担当編集の鳥原龍平氏に深く感謝いたします。

文庫版あとがき

本書の元本が出版されたのが二〇一五年七月。今回の文庫本出版にあたって全面的に読み直したが、内容を訂正すべき点はなかった。冗長に思える文章の文末を何ヵ所か修正しただけである。ただし、この三年間の状況に鑑みて次の二ヵ所の説明を追記した。

三年前に決着を付けたつもりの桶狭間の戦いの真相について、相変わらず的外れな議論が続いている。その議論の中で『信長公記』天理本の信憑性について誤った認識が広まっている。これを正すべく付録二を追記した。

新自由主義は利益至上という点で韓非子と相通じていることをエピローグで触れたが、その後、大企業での不祥事が相次いでいる。「歴史に学ぶ」とは学んだ成果を現代や将来に活かすということでなければならない。そのためエピローグの記述を追記して、より具体的にした。

参考文献

◆参照史料

『新訂　信長公記』桑田忠親校注、新人物往来社、一九九七年
『現代語訳　信長公記〈新訂版〉』上下巻　中川太古訳、新人物往来社、二〇〇六年
『信長記』全16巻　太田牛一著、岡山大学池田家文庫等刊行会編、福武書店、一九七五年
『信長記』上下巻　小瀬甫庵撰、神郡周校注、現代思潮社、一九八一年
「古典厩より子息長老江異見九十九箇条之事」（『武家の家訓』所収）吉田豊編訳、徳間書店、一九七二年
「朝倉宗滴話記」（『武家の家訓』所収）吉田豊編訳、徳間書店、一九七二年
『平家物語』全4巻　梶原正昭・山下宏明校注、岩波書店、一九九九年
『平家物語　現代語訳』大橋忍著、静岡新聞社、二〇一〇年
「越登賀三州志」（『石川県史　第2編』所収）石川県図書館協会、一九七四年
「毛利元就書状」（『武家の家訓』所収）吉田豊編訳、徳間書店、一九七二年
『イエズス会日本年報』上　柳谷武夫編、村上直次郎訳、雄松堂出版、一九六九年

『完訳フロイス日本史』全12巻　ルイス・フロイス著、松田毅一・川崎桃太訳、中央公論新社、二〇〇〇年
「惟任謀反記」（『太閤史料集　戦国史料叢書1』所収）桑田忠親校注、人物往来社、一九六五年
『川角太閤記』志村有弘著、勉誠社、一九九六年
「今川了俊制詞」（『武家の家訓』所収）吉田豊編訳、徳間書店、一九七二年
『織田信長文書の研究』上下巻　奥野高広著、吉川弘文館、一九六九・一九七〇年
『戦国策』近藤光男著、講談社、二〇〇五年
「兼見卿記」第一・第二（『史料纂集』所収）斎木一馬・染谷光広校訂、続群書類従完成会、一九七一年
「晴豊記」（『続史料大成』第九巻所収）竹内理三編、臨川書店、一九六七年
「日々記」（『信長権力と朝廷』所収）立花京子著、岩田書院、二〇〇〇年
「家忠日記」（『増補続史料大成』第十九巻所収）竹内理三編、臨川書店、一九七九年
『綿考輯録　第一巻・藤孝公』細川護貞監修、出水神社編、汲古書院、一九八八年
『明智軍記』二木謙一校注、新人物往来社、一九九五年
『元親記』泉淳著、勉誠社、一九九四年

「明智光秀書状写」（『福井県史　資料編2（中世）』所収）福井県編集発行、一九八六年
『武家事紀』上　山鹿素行著、原書房、一九八二年
「遊行三十一祖京畿御修行記」（『定本時宗宗典』下巻所収）時宗宗典編纂委員会編、時宗宗務所、一九七九年
『美濃明細記』伊東実臣・間宮宗好著、大衆書房、一九六九年
『太閤記』上下巻　小瀬甫庵著、桑田忠親校訂、岩波書店、一九四三年
『當代記　駿府記（史籍雑纂）』続群書類従完成会、一九九八年
『「甲陽軍鑑」の悲劇――闇に葬られた信玄の兵書』浅野裕一・浅野史拡著、ぷねうま舎、二〇一六年
『甲陽軍鑑大成』本文篇上下巻　酒井憲二編著、汲古書院、一九九四年
「本城惣右衛門覚書」（『業余稿叢』所収）木村三四吾編、木村三四吾、一九七六年
『三河物語』大久保彦左衛門原著、小林賢章訳、教育社、一九八〇年
「茶屋由緒記」（『大日本史料　第十一編之一』所収）東京帝国大学文学部史料編纂掛、一九二七年
「多聞院日記3」（『続史料大成』第40巻所収）英俊著、竹内理三編、臨川書店、一九

七八年
「日本王国記」（『大航海時代叢書11　日本王国記／日欧文化比較』所収）アビラ・ヒロン著、佐久間正・会田由・岩生成一訳、岩波書店、一九六五年
「石川忠総留書」（『大日本史料　第十一編之一』所収）東京帝国大学文学部史料編纂掛、一九二七年
「依田記」（『続群書類従第二十一輯上　合戦部』所収）塙保己一編、続群書類従完成会、一九五八年

◆参考資料

『本能寺の変　431年目の真実』明智憲三郎著、文芸社、二〇一三年
『織田信長』池上裕子著、吉川弘文館、二〇一二年
『織田信長の系譜　信秀の生涯を追って』横山住雄著、教育出版文化協会、一九九三年
『桶狭間の戦い　信長の決断・義元の誤算』藤本正行著、洋泉社、二〇一〇年
『論集戦国大名と国衆6　尾張織田氏』柴裕之編、岩田書院、二〇一一年
『信長と家康――清須同盟の実体』谷口克広著、学研パブリッシング、二〇一二年
『信長革命――「安土幕府」の衝撃』藤田達生著、角川学芸出版、二〇一〇年

『天下統一――信長と秀吉が成し遂げた「革命」』藤田達生著、中央公論新社、二〇一四年
『織田信長〈天下人〉の実像』金子拓著、講談社、二〇一四年
『織田信長』神田千里著、筑摩書房、二〇一四年
『信長とは何か』小島道裕著、講談社、二〇〇六年
『孫子・呉子』松枝茂夫・竹内好監修、村山孚訳、徳間書店、一九九六年
『面白いほどよくわかる孫子の兵法――43の名言から学ぶ勝利への戦略』杉之尾宜生監修、日本文芸社、二〇〇三年
『信長と十字架――「天下布武」の真実を追う』立花京子著、集英社、二〇〇四年
『韓非子――不信と打算の現実主義』冨谷至著、中央公論新社、二〇〇三年
『［新訳］韓非子――騙し合いの社会を勝ち抜くための百言百話』西野広祥編訳、PHP研究所、二〇〇八年
『諸子百家――儒家・墨家・道家・法家・兵家』湯浅邦弘著、中央公論新社、二〇〇九年
『織豊期の茶会と政治』竹本千鶴著、思文閣出版、二〇〇六年
『日本の暦』渡邊敏夫著、雄山閣、一九七六年

『明智光秀』高柳光寿著、吉川弘文館、一九五八年
『明智光秀』桑田忠親著、新人物往来社、一九七三年
『上杉景勝のすべて〈新装版〉』花ヶ前盛明編、新人物往来社、二〇〇八年
『信長は謀略で殺されたのか――本能寺の変・謀略説を嗤う』鈴木眞哉・藤本正行著、洋泉社、二〇〇六年
『イエズス会の世界戦略』高橋裕史著、講談社、二〇〇六年
『武器・十字架と戦国日本――イエズス会宣教師と「対日武力征服計画」の真相』高橋裕史著、洋泉社、二〇一二年
『レコンキスタの歴史』フィリップ・コンラ著、有田忠郎訳、白水社、二〇〇〇年
『本能寺の変――信長の油断・光秀の殺意』藤本正行著、洋泉社、二〇一〇年
『豊臣政権の法と朝鮮出兵』三鬼清一郎著、青史出版、二〇一二年
『織豊政権』藤木久志・北島万次編、有精堂出版、一九七四年
『「甲陽軍鑑」の史料論――武田信玄の国家構想』黒田日出男著、校倉書房、二〇一五年
『世界一わかりやすいランチェスター戦略の授業』福永雅文著、かんき出版、二〇一二年

◆参考論文・論説

「織田信秀の葬儀と『大雲語録』――秉炬法語を中心にして」青木忠夫、同朋大学仏教文化研究所紀要第二八号、二〇〇八年度
「濃尾平野における海陸風の特徴と広域海風の出現条件」森博明ほか、天気第四一巻七号、一九九四年
「地元の古老が語る桶狭間合戦始末記」梶野渡、桶狭間古戦場保存会、二〇一〇年
「講演　織田政権と尾張――環伊勢政権の誕生」藤田達生、織豊期研究第一号、一九九九年
「朝廷からみた天正十年の改暦問題」神田裕理、歴史読本第五七巻十号、二〇一二年
「豊臣政権の番医――秀次事件における番医の連座とその動向」宮本義己、國史學一三三号、国史学会、一九八七年
「豊臣政権における太閤と関白――豊臣秀次事件の真因をめぐって」宮本義己、國學院雑誌第八九巻一一号、國學院大學総合企画部、一九八八年
「原文と現代語訳で読む『惟任退治記』」金子拓（『ここまでわかった！　明智光秀の謎』所収）『歴史読本』編集部編、KADOKAWA・中経出版、二〇一四年

この作品は二〇一五年七月小社より刊行された『織田信長　四三三年目の真実　信長脳を歴史捜査せよ！』を改題したものです。

幻冬舎文庫

●最新刊
ぼくは愛を証明しようと思う。
藤沢数希

恋人に捨てられ、気になる女性には見向きもされない弁理士の渡辺正樹は、クライアントの永沢から恋愛工学を学び非モテ人生から脱するが――。恋に不器用な男女を救う戦略的恋愛小説。

●最新刊
熊金家のひとり娘
まさきとしか

代々娘一人を産み継ぐ家系に生まれた熊金一子は、その「血」から逃れ、島を出る。大人になり、結局一子が産んだのは女。その子を明生と名付け、息子のように育てるが……。母の愛に迫るミステリ。

●最新刊
キズナ
松本利夫　EXILE ÜSA
EXILE MAKIDAI

EXILEのパフォーマーを卒業した松本利夫、ÜSA、MAKIDAIが三者三様の立場で明かすEXILE誕生秘話。友情、葛藤、努力、挫折。夢を叶えた裏にあった知られざる真実の物語。

●最新刊
海は見えるか
真山　仁

大震災から一年以上経過しても復興は進まず、被災者は厳しい現実に直面していた。だが阪神・淡路大震災で妻子を失った教師がいる小学校では希望が……。生き抜く勇気を描く珠玉の連作短篇！

●最新刊
101%のプライド
村田諒太

ロンドン五輪で金メダルを獲得後プロに転向、世界ミドル級王者となった村田諒太。常に定説を疑い「考える」力を身に付けて日本人初の〝金メダリスト世界王者〟になった男の勝利哲学。

幻冬舎文庫

●最新刊
貴族と奴隷
山田悠介

「貴族の命令は絶対！」――30人の中学生に課された「貴族と奴隷」という名の残酷な実験。劣悪な環境の中、仲間同士の暴力、裏切り、虐待が繰り返されるが、盲目の少年・伸也は最後まで戦う！

●最新刊
北京でいただきます、四川でごちそうさま。
四大中華と絶品料理を巡る旅
吉田友和

中国四大料理を制覇しつつ、珍料理にも舌鼓を打つ。突っ込みドコロはあるけど、一昔前のイメージを覆すほど進化した姿がそこにあった。弾丸日程でも大丈夫、胃袋を摑まれること間違いなし！

●最新刊
黒猫モンロヲ、モフモフなやつ
ヨシヤス

里親募集で出会った、真っ黒な子猫。家に来た最初の晩から隣でスンスン眠る「モンロヲ」は、すぐ大切な家族になった。愛猫との〝フツーで特別な日々〟を綴った、胸きゅんコミックエッセイ。

●最新刊
天が教えてくれた幸せの見つけ方
岡本彰夫

「慎み」「正直」「丁寧」を心がけると、神様に愛されます。「食を大切にすれば運が開ける」「お金は、いかに集めるかより、いかに使うか」など、毎日を幸せに生きるヒント。

●最新刊
あの世へ逝く力
小林玖仁男

死にも〝技術〟が必要です――。余命2年半の料理屋の主人が、絶望の淵をさまよった末に、「終活」より重要な〝死の真実〟にたどりついた。最後の時を悔いなく迎えるための心の整え方。

幻冬舎文庫

●幻冬舎時代小説文庫

居酒屋お夏 八 兄弟飯

岡本さとる

「親の仇を討っておやり！」。母の死に目にあえなかった三兄弟に、毒舌女将・お夏が痛快なお説教。お夏も暗躍し、彼らを支えるが……。三兄弟は母の仇を討てるのか？ 心に晴れ間が広がる第八弾。

●幻冬舎時代小説文庫

風かおる

葉室　麟

鍼灸医・菜摘は養父・佐十郎と十年ぶりの再会を果たす。だが佐十郎帰藩の目的は、ある者との果し合いだという。菜摘はその相手を探るうち哀しい真実に突き当たり――。哀歓溢れる傑作時代小説。

●幻冬舎アウトロー文庫

ヤクザの人生も変えた名僧の言葉

向谷匡史

生死の狭間に身を置くヤクザにこそ、仏教の教えが必要だ。「明日をあてにせず、今日一日を悔いなく生きろ」（親鸞）など名僧の言葉は、彼らの生き方をどう変えたのか。心震える仏教名句36。

●幻冬舎アウトロー文庫

アウトロー臨終図鑑

山平重樹

革命家、プロ選手、芸能人、映画人、作家、政治家、任侠人……ここにいるのは世間から見れば型破り、落ちこぼれた異端者たちだ。選りすぐりの男の中の男71人への、愛と憧憬のバラード。

●幻冬舎よしもと文庫

京大芸人式日本史

菅　広文

難しい印象の日本史も、「物語を読むように教科書を読めば、流れが頭に入ってくるので忘れない」と、京大芸人の宇治原。しかし教科書って、味気ない。そこで、菅が「物語にしちゃいました！」。

織田信長《おだのぶなが》　435年目《ねんめ》の真実《しんじつ》

明智憲三郎《あけちけんざぶろう》

平成30年4月10日　初版発行

発行人――石原正康
編集人――袖山満一子
発行所――株式会社幻冬舎
〒151-0051東京都渋谷区千駄ヶ谷4-9-7
電話　03(5411)6222(営業)
　　　03(5411)6211(編集)
振替00120-8-767643
印刷・製本―中央精版印刷株式会社
装丁者――高橋雅之

幻冬舎文庫

ISBN978-4-344-42713-6　C0195　あ-68-1

幻冬舎ホームページアドレス　http://www.gentosha.co.jp/
この本に関するご意見・ご感想をメールでお寄せいただく場合は、
comment@gentosha.co.jpまで。